Petit guide de magie féline

Maîtrisez les pouvoirs des félins grâce à leur histoire, leurs comportements et leurs messages

Rieka Moonsong

ÉDITIONS VÉGA

Titre original : *Cat Magick.*
Publié pour la première fois en anglais en 2023 par Rock Point, une marque de The Quarto Group.

Traduit de l'anglais par Marie-Noëlle Antolin.

ISBN : 978-2-38135-377-7

www.editions-tredaniel.com
info@guytredaniel.fr
www.facebook.com/tredanieleso
@tredaniel_eso

Imprimé en Chine.

FSC www.fsc.org
MIXTE
Papier | Pour une gestion forestière responsable
FSC® C016973

Dédicace

En tout premier lieu, ce livre est dédié à mes enfants, Hailey et Jake. Vous êtes tous les deux ma lumière dans le noir, et je suis chaque jour reconnaissante d'être votre mère. Il est aussi dédié à ma chatte, Artémis. Ma compagne féline est arrivée dans ma vie quand je l'attendais le moins, et j'en suis extrêmement reconnaissante. Elle est restée près de moi pendant les longues heures de préparation de ce livre. Elle m'a soufflé l'inspiration et souvent les mots dont j'avais besoin pour l'exprimer.

Sommaire

Prologue

C'est le soir d'Halloween. Les bougies sont allumées, éclairant la pièce où la sorcière remue son chaudron. Elle consulte son *Livre des ombres.*

« Le minutage doit être parfait, murmure-t-elle à son familier qui, posté non loin, l'observe nonchalamment. Va me chercher une plume de corbeau », lui demande-t-elle.

Le chat descend de son perchoir, apparemment indifférent à sa requête, et sort négligemment obéir à l'injonction de la sorcière. Il est aussi noir qu'une nuit sans Lune, disparaissant parmi les ombres dans l'obscurité. Il patrouille avec intention, poursuivant furtivement sa proie pour dénicher son butin. Contactant le corbeau perché tout en haut de l'arbre, il demande la plume et retourne rapidement vers sa sorcière. Il y a de la magie dans l'air.

C'est l'image qui vient lorsque l'on entend le terme de « familier ». Bien qu'il soit vrai que les familiers arrivent dans nos vies pour nous aider, c'est souvent bien différent de la manière dont ils étaient perçus autrefois.

Maggie Vandewalle

Introduction

Bonjour vous. Bienvenue, heureuse de vous rencontrer. Si ce livre s'est frayé un chemin jusqu'à vous, il y a peut-être un félin qui travaille dans votre intérêt. Peut-être avez-vous été curieux de savoir quelle sorte de magie un chat pouvait apporter à votre vie. Si vous travaillez déjà avec l'énergie féline, peut-être cherchez-vous à plonger dedans un peu plus profondément. Que vous ayez déjà un chat, que vous songiez à vous faire adopter par l'un d'eux ou que vous soyez allergique mais souhaitiez tout de même apprendre à travailler avec les énergies magiques et mystérieuses que les félins apportent à nos vies, vous trouverez tout cela dans cet ouvrage. Oui, vous pouvez toujours invoquer l'énergie du chat même si vous n'en avez pas dans votre vie. Ces petites créatures poilues et souvent espiègles ont su fièrement trouver la voie de nos cœurs depuis plusieurs millénaires. Bien que l'on dise que l'homme a domestiqué le chat, ne vous y trompez pas, ce sont eux qui choisissent de travailler à nos côtés et de nous accepter dans leurs vies.

En tant que sorcière de naissance, j'ai toujours senti les énergies magiques des animaux. Quand j'étais enfant, je leur parlais et je voyais également des esprits très souvent. Je travaillais avec eux instinctivement, les laissant m'aider et me guider. Avec ma formation magique et chamanique, je possède aujourd'hui une compréhension approfondie de ce que signifie avoir un familier et des guides animaux.

L'esprit de mon familier en est actuellement à sa quatrième incarnation auprès de moi. C'était d'abord un danois appelé Duchess, puis un chat blanc nommé P'tit Bout, un border collie croisé du nom d'Oréo et maintenant une chatte tabby que j'appelle Artémis. Quand j'étais enfant, je ne savais pas que ses deux premières incarnations étaient un esprit familier, mais j'ai toujours su qu'ils étaient là pour me protéger. Devenue adulte, j'ai pris conscience de ce que les animaux représentaient pour moi, puis j'ai pu travailler avec l'énergie des familiers et c'est un véritable cadeau de l'Univers.

Dans ces pages, vous apprendrez l'histoire de la vénération des chats ainsi que celle de leur persécution. Vous trouverez des invocations pour appeler les déités et les esprits félins afin de commencer à travailler avec leurs énergies. Vous approfondirez vos connaissances à propos des différentes énergies des messagers et des guides animaux, vous découvrirez comment et pourquoi ils viennent dans votre vie, et comment incorporer leur pouvoir dans vos rituels et vos sortilèges. Vous comprendrez aussi de mieux en mieux ce que signifie avoir un véritable familier et comment travailler avec lui dans votre pratique de la magie. Dans chaque chapitre, des incantations et d'autres exercices sont proposés pour vous aider sur votre chemin.

À la fin du livre, vous trouverez des références avec tous les outils cités au fil des pages pour améliorer votre travail en relation à la magie des chats. Pour consulter ces outils, référez-vous aux pages 138 à 147 à tout moment. Pour les novices dans le travail de magie, notez bien que les invocations et les sortilèges ont des intentions différentes : une invocation ne fait qu'attirer la magie vers soi, quand un sortilège incorpore cette énergie dans le travail magique.

Si on commençait ?

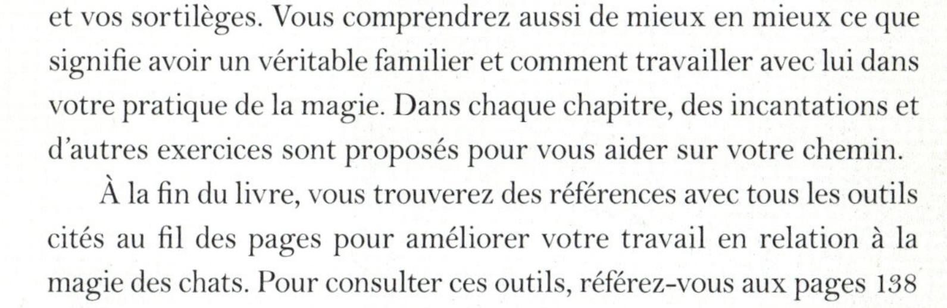

Un être digne des dieux

Ce n'est pas difficile de voir pourquoi les chats affichent une telle attitude. Après tout, ils étaient autrefois vénérés en tant que dieux.

Avant de pénétrer dans le monde magique des chats, il est important d'apprendre l'histoire qui le soutient. Un minimum d'explications nous donne une meilleure compréhension des énergies avec lesquelles nous travaillons. Les chats ont été adorés et vénérés dans de multiples cultures et civilisations du monde entier. Qu'y a-t-il donc en eux qui nous attire autant ? Pourquoi sont-ils tellement enveloppés de mystère et de superstition ? Pourquoi sont-ils irrévocablement liés aux sorcières ? Ces questions et d'autres encore seront traitées quand nous entrerons dans le monde magique du chat : félin, fidèle, familier.

PETIT RÉSUMÉ DE L'HISTOIRE FÉLINE

On dit que les chats sont venus à notre aide pour la première fois quand les humains ont commencé à s'installer dans la zone du Croissant fertile. Les communautés agricoles florissantes de la région produisaient une grande quantité de céréales. Les grands silos à grain attiraient inévitablement les souris et bien sûr les chats – de l'espèce *Felis silvestris* précisément, le chat sauvage que l'on trouve encore en Afrique, au sud de l'Asie et en Europe. C'est grâce aux silos à grain que la belle relation mutuellement bénéfique entre les humains et les chats s'est forgée. Les souris attirées par les céréales étaient des proies faciles pour les petits félins dont la chasse réduisait la population des rongeurs et sauvait les récoltes. Cette capacité était tellement vénérée qu'on a commencé à emmener des chats sur les navires pour contrôler les souris puis finalement à les faire entrer dans les maisons, ce qui a mené à leur domestication voici environ douze mille ans.

C'est un fait avéré que les chats étaient honorés dans différentes cultures depuis fort longtemps. Mais pourquoi ? Peut-être parce que ces cultures anciennes non seulement espéraient, mais aussi se fiaient aux messages des animaux. Les gens croyaient que les animaux avaient leurs propres énergies et qu'ils étaient des messagers des dieux pour le bien de l'humanité. Ces peuples d'autrefois reconnaissaient le besoin de travailler avec eux ainsi que le bienfait d'en avoir comme compagnons. Avoir une relation avec un animal comme le chat équivalait à être en contact direct avec une déité. Il existe des mythes qui parlent de dieux et de déesses ayant la capacité de se changer en animaux. Deux de ces dieux les plus célèbres pour leur changement de forme proviennent de l'Égypte antique.

HISTOIRE FÉLINE EN ÉGYPTE

La culture égyptienne est la première à être connue pour sa vénération active des félins, qui remonte à plus de trois mille ans. Il existe des preuves de cette affirmation aussi loin que la première dynastie, qui date d'approximativement 5500 ans. Les hiéroglyphes et les écritures du *Livre des morts* discutent de la nature protectrice des chats. Il est stipulé dans ce livre qu'un chat représentait Râ et les bienfaits du dieu Soleil dans la vie sur Terre. Les chats étaient vénérés parce qu'ils tuaient les serpents venimeux et, par cette action, protégeaient le pharaon. On a retrouvé des restes de squelettes de chats momifiés parmi certains objets funéraires remontant à la douzième dynastie. Des statues de félins en bronze, en bois et en poterie émaillée étaient également assez courantes dans les tombes et les chambres mortuaires. On a aussi trouvé un grand nombre de cimetières de chats sur les sites archéologiques de Spéos Artémidos, Bubastis et Saqqara. Les amulettes en forme de tête de chat faisaient fureur pendant la onzième dynastie, au XXIe siècle av J.-C[1].

Le grand sphinx dans le désert de Gizeh est probablement l'un des plus grands tributs à l'espèce féline. Alors que la tête est à l'effigie du pharaon Khéphren, le corps est celui d'un lion. Selon le *World Book Encyclopedia*, le grand sphinx n'est pas uniquement la plus ancienne sculpture monumentale d'Égypte, mais aussi l'une des reliques les plus renommées au monde. On pense qu'il a été créé durant l'ancien royaume, sous le règne de Khéphren, entre environ 2558 et 2532 av. J.-C[2].

Le sphinx, créature mythologique à tête humaine et au corps de lion, parfois décrit avec les ailes d'un aigle, se retrouve dans les mythologies égyptienne et grecque. Dans la Grèce antique, le sphinx était un monstre envoyé pour punir la ville de Thèbes, dévorant tous ceux qui ne savaient pas répondre à ses énigmes. Toutefois, pour les anciens Égyptiens, il était un gardien. C'était le protecteur des pyramides et le punisseur des ennemis de Râ. On a également pu remarquer que le sphinx était un symbole du pharaon et de son pouvoir divin. Bien qu'il soit une créature mythologique, le fait que les Égyptiens l'aient choisi pour représenter le pouvoir du pharaon témoigne de leur vision de l'énergie féline.

Déités félines égyptiennes

Mafdet est la première déité féline connue de l'Égypte antique. C'est une déesse à tête de félin – léopard ou guépard – remontant à la première dynastie, qui protégeait les chambres du pharaon des serpents, des scorpions et des démons. Selon certaines descriptions dans les tombes royales, elle représentait la justice et la punition, et remplissait peut-être le rôle du chasseur et du bourreau accompagnant les dieux. Elle protégeait Râ, le dieu Soleil, pendant sa traversée du ciel. Elle chassait la nuit pour elle-même et garantissait l'arrivée de l'aurore le lendemain.

Sekhmet est une autre déesse féline de l'Égypte antique. Elle est décrite comme une lionne et une guerrière, et on la considérait comme protectrice des pharaons qu'elle guidait dans les batailles. Si un pharaon tombait au combat, la déesse continuait de protéger son esprit et le suivait dans l'au-delà. On la voyait comme une déesse féroce surnommée l'œil de Râ, qui accomplissait le pouvoir vengeur du dieu Soleil. De nombreux textes historiques suggèrent qu'elle crachait le feu et que les vents chauds du désert étaient le résultat de son souffle. Alors que certains croyaient qu'elle provoquait les épidémies servant de messagères à l'esprit vengeur de Râ, elle était également connue comme déesse guérisseuse et on l'invoquait pour éviter la maladie.

La plus connue des déités félines est Bastet. Elle est apparue à partir de la deuxième dynastie, autour du XIIIe siècle av. J.-C.

Des ruines de l'époque de la déesse sont encore debout dans la ville de Bubastis, où des festivals annuels étaient tenus en son honneur. C'était la déesse de la fertilité, de la grossesse et de l'accouchement. Si une femme avait des problèmes pour concevoir, elle invoquait Bastet et lui faisait des offrandes. Elle était la déesse de tous les chats. Comme les deux autres déités félines, Bastet était aussi une protectrice renommée. Elle était décrite combattant Apep, le serpent maléfique ennemi de Râ. À cause de sa connexion au dieu Soleil, on la considérait comme une déité solaire ; cependant, on l'appelait souvent « Œil de la Lune ». Alors que sa forme originale la montre comme une déesse léonine, elle a pris plus tard celle d'une chatte. Sa sœur Sekhmet et elle en sont venues à représenter la même déesse. Tandis que Sekhmet conservait son aspect de lionne, Bastet a pris l'image d'un chat de nature plus douce. Le chat domestique est considéré comme une incarnation de la déesse. Il protège la maison, les femmes et les enfants, et il s'assure que les rats et les souris restent au loin.

Invocation à la déesse Bastet

Si vous vous sentez appelé à travailler avec Bastet, vous pouvez créer un autel pour elle avec des images de chats et/ou de lions. En vous occupant de votre chat, en aidant des refuges pour chats ou en faisant un don pour la protection des grands félins, vous honorez efficacement la déesse. Des offrandes de viande, de lait ou de miel sont appropriées. Utilisez cette invocation à la déesse pour attirer ses énergies :

Déesse chatte du Nil
Viens près de moi un instant
Vénérée protectrice Bastet
Grand pouvoir, vaste sagesse
Je te demande
Par ce travail que je fais
Déesse Œil de la Lune,
De m'accorder cette faveur.

ASTUCE Laissez une offrande pour la déesse féline afin qu'elle vous aide.

CULTURES RÉPANDUES QUI VÉNÈRENT LES FÉLINS

Les Égyptiens ne sont pas le seul peuple qui vénérait les chats ou les associait avec la déité. L'Inde et la Chine ont aussi leurs déesses félines de la fertilité. En Inde, c'est Shashti. Elle était renommée pour assister la naissance et protéger les enfants. C'était la déesse de la reproduction et de la végétation. Les femmes stériles ou celles qui cherchaient à protéger leurs enfants lui offraient des prières. Elle était souvent décrite comme une figure maternelle chevauchant un félin tout en allaitant un bébé.

En Chine, on l'appelle Li Shou. Elle fait partie du mythe de la création qui affirme qu'au début les chats furent désignés par les dieux pour tout contrôler et s'assurer que tout allait bien. Li Shou fut choisie pour représenter les dieux jusqu'à ce que les chats décident que la marche du monde n'avait aucune importance pour eux et qu'elle était, de ce fait, plutôt ennuyeuse[3].

L'ancien peuple polonais vénérait l'esprit Ovinnik, qui se montrait souvent déguisé en chat noir. C'était un protecteur des animaux domestiques comme les moutons et les chèvres, et il chassait les entités négatives ainsi que les fées maléfiques.

Dans la mythologie grecque, la déesse Hécate s'est changée en chat pour échapper au monstre Typhon. Elle est alors devenue la protectrice de tous les chats.

La déesse galloise Cerridwen avait des chats blancs qui transmettaient ses ordres sur la Terre.

Le peuple scandinave vénérait la déesse Freya. C'était une déesse féroce de la guerre et de la mort, qui entrait dans les batailles sur son chariot tiré par deux chats. Ses chats étaient un cadeau de Thor, le dieu du tonnerre. Le mythe viking ne nomme pas les chats, mais ils ont gagné leurs noms depuis, quand un auteur moderne les a appelés Bygul et Trjegul. Freya était aussi la déesse de l'amour, de la beauté, de la domesticité et de la féminité. Comme les chats, elle peut être décrite par une association d'opposés : violente et fourbe, et pourtant douce et gentille. Ses chats étaient des mâles et l'on pense que l'équilibre était maintenu par l'union de ses énergies féminines et de ses énergies masculines.

Invocation des chats guerriers de Freya

Cela demande un grand courage d'entrer dans la bataille, surtout quand vous vous sentez plus petit que l'ennemi, comme Bygul et Trjegul. Si vous avez besoin d'un surplus de courage, demandez l'aide de ces deux chats guerriers. Voici l'invocation :

Salut ! Chats guerriers de Freya !
Car cet obstacle je vais attaquer
Brave et féroce je dois me montrer
Je vous demande de m'accompagner
Force et courage vous apportez
Un cri de victoire je vais chanter !

ASTUCE Nous utilisons des bougies de couleurs différentes pour nos incantations, parce que chaque couleur s'aligne sur une énergie spécifique. Vous pouvez utiliser une bougie rouge pour renforcer vos intentions dans cette incantation. Le rouge est associé à l'action et au courage. Pour avoir une liste des couleurs de bougies et de leurs significations, reportez-vous à la page 142. Surtout soyez prudent quand vous travaillez avec des bougies.

Rituel pour l'action et le courage avec Bygul et Trjegul

Utilisez ce rituel quand vous avez besoin d'être poussé à l'action et que vous manquez de courage.

VOUS AUREZ BESOIN :

- d'un cierge rouge
- d'un chaudron ou d'un plat ignifugé
- d'un briquet ou d'allumettes
- d'alcool clair (plus il est clair, plus il brûle proprement)
- d'une cuillère à café de thym séché
- d'une cuillère à café de basilic séché
- d'encens au choix
- d'une petite fiole de verre avec un bouchon

PROCÉDURE :

1. Rejoignez votre espace sacré.
2. Posez le cierge rouge et le chaudron ou le plat ignifugé sur votre autel.
3. Projetez un cercle.
4. Allumez le cierge, puis dites l'invocation des chats guerriers de Freya.
5. Versez une petite quantité d'alcool (environ une cuillerée à café) dans le chaudron.
6. Saupoudrez de thym et de basilic.
7. Avec le cierge rouge, allumez les ingrédients dans le chaudron. (Rappelez-vous d'être prudent quand vous travaillez avec le feu, surtout sur de l'alcool).
8. Récitez l'invocation aux chats guerriers de Freya deux nouvelles fois.
9. Laissez brûler complètement le feu dans le chaudron.
10. Allumez l'encens et utilisez sa fumée pour purifier la fiole de verre.
11. Quand les cendres ont refroidi dans le chaudron, récoltez-les, placez-les dans la fiole de verre et fermez le bouchon.
12. Utilisez le cierge rouge pour sceller le bouchon d'une goutte de cire.
13. Soufflez sur la flamme du cierge.
14. Dites au revoir à Bygul et Trjegul.
15. Ouvrez le cercle.

ASTUCE Vous pouvez laisser des offrandes pour les chats et les esprits félins qui vous ont assisté. Les bonnes friandises pour chats sont par exemple l'herbe-aux-chats, le thon, le saumon, une pelote de laine sur l'autel, des objets brillants, du lait ou de la crème.

CULTURES INDIGÈNES ET VÉNÉRATION DES FÉLINS

Les cultures indigènes des Amériques possèdent aussi leurs déités et associations félines. Dans une civilisation pré-Inca au Pérou, Ai-Apaec était un dieu créateur qui changeait de forme et qu'on appelait le « Mochica ». Il est décrit avec de longues canines et des moustaches de chat sur le visage ridé d'un vieil homme. Il avait le pouvoir de se changer en gros chat. Il était le protecteur de la civilisation Moche à laquelle il fournissait eau et nourriture, et l'on disait qu'il assurait les victoires à la guerre.

Otorongo est l'esprit jaguar qui se tient à l'ouest de la roue de médecine des chamans incas de la tribu des Q'eros, dans les Andes péruviennes. Sortant de sa cachette derrière l'arc-en-ciel, il pouvait projeter le changement soudain, la mort et la renaissance. Il enseignait les manières du guerrier de lumière et représentait la guérison émotionnelle profonde et les moyens de surmonter la peur.

Les Indiens Quechuas d'Amérique du Sud faisaient des offrandes à l'esprit félin Coca pour prévenir les crises de folie qui pouvaient attirer la foudre pour détruire les récoltes et frapper les gens. En Amazonie, les Indiens Tucanos croyaient que le rugissement du jaguar attirait le tonnerre. Ils disaient aussi que le jaguar était le dieu de l'ombre et que les taches sur son pelage représentaient les étoiles et le ciel.

Les tribus indigènes d'Amérique du Nord comme les Zunis et les Mohaves croyaient que le chat sauvage leur offrait une médecine chasseresse et les gratifiait d'une chasse fructueuse. Ils en gardaient des effigies de pierre parmi leurs six fétiches de chasse. La tribu des Pawnees croyait que le chat sauvage était associé aux étoiles et qu'il enveloppait les bébés dans sa fourrure pour leur offrir une bénédiction céleste. Les Hopis pensaient que le lion des montagnes était un ardent gardien de leur peuple.

Dans les anciennes civilisations mexicaines comme les Olmèques, les Mayas et les Aztèques, le jaguar était vénéré comme une déité. Comme il a la capacité de voir la nuit, on pensait qu'il voyageait entre les mondes, créature de la Terre, de la Lune et des étoiles. Il représentait le pouvoir et la férocité ainsi que la sagesse et la protection contre le mal. Dans l'ancienne cité de Chichén Itzá, un temple lui est dédié, qui s'appelle le « temple du Jaguar ». Pour son couronnement, le roi marchait sous une procession de jaguars sculptés. Pour les Mayas, le jaguar avait de multiples facettes et prenait de nombreux déguisements en tant que déité. Il y avait le jaguar du feu et de la guerre terrestre qui était le dieu de l'enfer et qui faisait franchir le voile aux âmes. L'une des plus anciennes déités maya, God L, est associée au commerce, aux richesses et à la magie noire. La déesse jaguar Ix Chel représentait les sages-femmes et la guerre. Le jaguar nénuphar était considéré comme un protecteur.

MYTHES FÉLINS, LÉGENDES ET FOLKLORE

Dans le monde entier, des mythes, des légendes et des folklores entourent les félins et sont trop nombreux pour être répertoriés. Parmi les plus répandus se trouve « ne pas toucher le chat ». On croyait que le malheur s'abattrait sur quiconque ferait délibérément du mal à un chat. Une vieille histoire de marins avertissait de ne pas frapper le chat du navire, car cela garantissait des mers démontées, des noyades, voire un naufrage. En France et au Pays de Galles, une légende disait que, si une fille marchait sur la queue d'un chat, elle n'aurait pas de chance en amour, ses fiançailles seraient rompues ou son époux serait infidèle ou risquerait de mourir. En Égypte antique, tuer un chat entraînait une condamnation à mort. De nombreuses communautés montagnardes croyaient que, si un fermier tuait un chat, son bétail tomberait malade et mourrait, et cela pouvait également signifier de mauvaises récoltes.

Le folklore et les légendes parlaient du bienfait d'avoir un chat. Dans les Appalaches, le fait de frotter la queue d'un chat noir sur un orgelet le faisait disparaître. En Amérique coloniale, on croyait que le chat de la maison prévoyait le temps. S'il passait son temps à regarder par la fenêtre, il allait pleuvoir. S'il restait le dos à la cheminée, le froid arrivait.

Issu de la mythologie celte et ayant fait une apparition dans *Macbeth* de Shakespeare, un chat gris nommé Grimalkin avait des pouvoirs magiques, dont celui de prédire l'avenir. Dans les contes de fées norvégiens, les chats étaient considérés comme des êtres mystiques dont les yeux étaient des portails sur d'autres mondes. Et dans le folklore japonais, on trouve les yokai ou « chats surnaturels ». Il en existe cinq types :

1. Le bakeneko peut rassembler les éclairs et changer de forme.
2. Le neko-musume ou « fille chat » se transforme en femme.
3. Le kasha, un félin nécrophage, peut voler les cadavres des pécheurs dans leurs tombes et les livrer aux enfers.
4. Le maneki-neko ou « chat de la chance » est le plus connu des yokai, puisque c'est le chat traditionnel que l'on voit la patte levée dans les restaurants. Il apporte la bonne fortune et la chance. La patte en l'air du maneki-neko est un signe de bienvenue qui est souvent utilisé dans le feng shui. Cette patte levée apporte également de l'argent dans la maison, tandis que la patte près du corps protège des pertes financières.
5. Le nekomata est le « chat à deux queues » connu pour devenir un mangeur d'hommes quand il obtient ses pouvoirs. Comme le bakeneko, il peut rassembler les éclairs et on lui attribue les départs de grands incendies meurtriers[4].

De nouveau, de nombreuses histoires du folklore attribuent la chance et la bonne fortune aux chats. Il y a d'ailleurs quelques chats de chance « célèbres » : le roi Charles Ier d'Angleterre possédait un chat adoré qui était désigné comme gardien de sa sécurité et de son confort. Selon la légende, quand ce chat est tombé malade et qu'il est mort, la chance du roi a décliné. Les versions divergent, disant que, soit il est mort le lendemain, soit il a été arrêté. Même sans être le fameux chat de la chance, une coutume britannique de la Renaissance consistait à embrasser le chat de la famille lorsqu'on était invité pour garantir une visite paisible et harmonieuse. Dans la campagne italienne, entendre un chat éternuer portait chance. Au sud de l'Écosse, un drôle de chat noir sur un porche apportait la bonne fortune au résident. Trouver un seul poil blanc sur le pelage d'un chat noir était considéré comme un bon présage.

Certains diraient que ce n'est pas étonnant que les chats agissent comme ils le font. Si on vous avait aussi longtemps vénéré comme un dieu, vous auriez sans doute cette attitude de « Je m'en fiche, je fais ce que je veux ». Les anciennes cultures savaient que les félins étaient des créatures magiques et précieuses. L'histoire mystique des chats les ancre dans tout ce qui vient à l'avenir.

Invocation du chat de la chance

Si vous avez besoin d'un peu de chance vous-même, vous pouvez appeler la bonne fortune mystique du chat ! Utilisez l'invocation qui suit pour attirer leur énergie de chance :

Chat de chance et chat de fortune
Apportez-moi ma part
Faites couler la monnaie
Que je voie grandir la richesse
La fortune est en chemin
Et se maintient chaque jour
Sans blesser nul autre
Ce que je veux, que cela soit.

ASTUCE Pensez à laisser une offrande pour l'esprit chat qui vient vous aider (voir l'astuce de la page 19).

Superstition et persécution des chats

Les chats ne sont que des petits démons à fourrure qui gouvernent nos cœurs.

Des milliers d'années de vénération et de révérence. Une histoire riche pétrie de magie liée aux dieux d'autrefois. Histoires, mythes, légendes et folklore témoignent du pouvoir et de la position quasi royale des chats. Rien de tout cela n'a pu les sauver de la superstition et de la persécution qui allaient finalement survenir à l'avènement de la chrétienté.

SUPERSTITION SUR LES CHATS

La superstition autour des chats de toutes couleurs a pris de l'ampleur avec la montée de l'Église, surtout pendant le Moyen Âge. Certains attributs du chat faisaient penser à Satan et, à cause de cela, il était considéré comme le mal incarné. Alors que tous les félins et la plupart des prédateurs nocturnes comme les loups ont les yeux qui brillent grâce à la structure en miroir derrière leur rétine pour améliorer la vision de nuit, les chats domestiques sont les seuls à posséder une pupille verticale. Leurs grands cousins ont la pupille ronde. Cet attribut les aligne sur un autre prédateur qui est également enclin à siffler quand il est dérangé : le serpent. Quiconque connaît un peu la Bible n'est pas sans savoir que Satan fit sa première apparition au Jardin d'Éden sous forme d'un serpent qui précipita la chute d'Ève.

Selon le folklore hébreu, quand Lilith a été bannie du Jardin d'Éden pour avoir refusé de servir Adam, elle s'est transformée en un chat vampire appelé El Broosha, qui s'est mis à faire des nourrissons ses proies. Lilith était aussi connue pour être la mère des démons, le premier démon femelle cité par certains textes anciens. Le pape Grégoire IX accusait ses cibles (les sorcières) de forniquer avec un chat noir qui n'était autre que Lucifer déguisé. Dans la mythologie grecque, Lucifer était le « porteur de lumière, » l'étoile du matin, la personnification masculine de l'aube. Diane, la déesse grecque de la chasse, de la magie et de la sorcellerie, prit la forme du chat préféré de Lucifer pour le séduire. À cause de ce mythe grec, il est facile de voir comment, lorsque Lucifer est devenu Satan dans la Bible, les sorcières et les chats lui ont été associés. Au ve siècle, saint Cyrille, le patriarche d'Alexandrie, eut la vision de la déesse égyptienne Isis sous forme d'un démon. À cause de l'association des chats à l'énergie de la déesse, cela les alignait sur le Diable en même temps. Certains textes affirment qu'on croyait que les chats étaient en réalité des humains qui avaient commis des crimes ou de mauvaises actions et qui devaient retourner sur Terre pour les expier[5]. Selon le livre de l'historienne des félins Frances Simpson, « on croyait que le Diable empruntait le pelage d'un chat noir quand il voulait torturer ses victimes[6]. »

Le chat est curieusement absent de la Bible protestante. Peut-être est-ce la raison pour laquelle beaucoup pensent qu'il est diabolique ? Si les chats sont trop mauvais pour être cités dans la Bible, ce sont forcément des êtres absolument infernaux, non ? Et peut-être que le chat était tellement vénéré et inextricablement lié aux anciennes cultures polythéistes et aux païens qui croyaient que toutes les créatures avaient un esprit, qu'il ne pouvait y avoir de place pour lui dans un monde moderne plus chrétien qui pensait que ces esprits étaient diaboliques.

Chats noirs

Alors que toutes les couleurs et les races de chats domestiques ont souffert, le chat noir a subi la pire histoire de persécution, de superstition et d'accusation d'être un messager de malheur et de mauvais sort. De nombreuses histoires disent qu'il prédit la mort. Son pelage noir est semblable aux plumes du corbeau et de la corneille, en qui l'on voyait des présages de mort. En Irlande, on disait que si un chat noir traversait le chemin de quelqu'un sous la Lune, la personne serait bientôt victime d'une épidémie ou de la peste. Au XVIe siècle en Italie, on croyait que si un chat noir sautait sur le lit d'une personne malade, elle allait mourir. Les immigrants écossais en Amérique coloniale croyaient que si un chat noir dérangeait une veillée mortuaire, l'un des membres de la famille allait tomber malade et mourir aussi. Une superstition de marin disait que si un chat noir montait à bord d'un navire puis en descendait, le navire allait sombrer lors du voyage suivant. Les premiers chrétiens pensaient que si un chat noir s'asseyait sur une tombe fraîchement creusée, cela signifiait que le Diable prenait possession de l'âme du défunt.

Les chats noirs sont non seulement associés à la mort, mais il existe aussi nombre de croyances et de superstitions sur le fait qu'ils seraient porteurs de malchance et de mauvais sort. Encore de nos jours, on répète partout que si un chat noir traverse votre route, vous êtes condamné au mauvais sort. C'est aussi mauvais signe si vous en voyez un s'éloigner de vous. Le mythe de la malchance prend sa source dans la croyance que les chats noirs sont hantés parce qu'ils transportent les âmes des défunts en enfer. Un conte folklorique d'Europe de l'Est dit que le cri d'un chat au milieu de la nuit présage une catastrophe. Le folklore islandais parle d'un chat appelé Jólakötturinn, qui mangeait les enfants paresseux à la période de Noël. Harrison Weir, auteur de *Our Cats and All About Them*, accusait l'électricité statique accumulée dans le pelage des chats de porter malchance. C'est apparemment spécifique au chat domestique. Quand on caressait un chat, on croyait que les étincelles électriques interféraient avec le monde spirituel ou surnaturel.

Chats et sorcières

C'est au Moyen Âge que les chats ont été reliés aux sorcières. Alors que les anciennes cultures appréciaient la capacité du chat à prédire la météo et même la mort d'une personne, le monde plus moderne les a considérés comme alliés du Diable et, d'association en association, comme compagnons des sorcières. Le chat noir en particulier était vu comme l'ami et le familier de la sorcière. Son pelage noir était un symbole de la nuit, du moment où œuvraient les sorcières, dansant nues sous la pleine lune, préparant des sortilèges et offrant des sacrifices à leurs dieux païens, du moins aux yeux de la chrétienté de l'époque. On supposait que le sang du chat était utilisé pour des sortilèges et soins divers. Les guérisseuses (sorcières) affirmaient qu'elles pouvaient aider les malades avec leurs potions spéciales. Les hommes d'Église ne supportaient pas que les gens demandent l'aide des sorcières et ont lancé leur propagande sur la provenance diabolique de leurs pouvoirs magiques.

La symbolique globale des chats les condamnait à leur sort en tant que compagnons familiers des sorcières. Avec la nature doucereuse et fourbe qui les caractérise, leur ancienne connexion à l'énergie de la déesse, de la Lune et de la magie, leur capacité à voir au-delà du voile et à être profondément conscients de leur environnement, rien d'étonnant à ce qu'ils soient reliés aux sorcières et à la sorcellerie. Comme Lilith qui, refusant d'être domestiquée, a dû subir une vie d'errance, le chat est indépendant sans le moindre regret. Les chats domestiques sont petits, mais féroces. Autrefois, ils chassaient les cobras et d'autres serpents venimeux. Ils représentent la curiosité, qui était mal considérée lors de la montée du christianisme. Et, comme nous l'avons déjà dit, ce sont encore des chasseurs rusés qui rôdent la nuit.

On trouve aussi des textes et des superstitions considérables affirmant que les sorcières se changeaient en chats. Cela provient peut-être de la mythologie des dieux félins transformistes. Une de ces croyances dit que la raison pour laquelle un chat a neuf vies vient de la capacité d'une sorcière à se changer huit fois mais, la neuvième, elle reste chat pour la vie. Au XVIe siècle, on croyait que les sorcières se changeaient en chats pour parcourir la ville et la campagne afin d'espionner et de faire des ravages dans leur sillage. On disait qu'elles tuaient des bébés et des enfants pendant qu'elles étaient déguisées en chats, et que cela leur permettait de se réunir pour leur nuit de Sabbat sans être détectées. Les histoires de Lilith et de la déesse Diane se changeant en chat ont continué à inculquer cette croyance.

Les chats sont un symbole du Féminin divin par leur association à l'énergie de la déesse. Communier avec la nature est un fait pour les sorcières et c'est important pour leur pratique. Cela fait du chat une représentation de l'hérésie naturelle aux yeux de l'Église. Irina Metzler, historienne médiévale, pense que « c'est leur refus catégorique d'être domestiqués » qui fait d'eux un symbole d'hérésie. Dans son article « Heretical Cats : Animal Symbolism in Religious Discourse », elle écrit comment les chats frôlent la frontière entre l'apprivoisé et le sauvage. À cause de leur nature instinctive de chasseurs, ils ne peuvent jamais être vraiment domestiqués. Ceux qui sont considérés comme hérétiques par la société sont dits « sauvages et incontrôlables », ce qui fait des chats des hérétiques naturels[7]. Bien sûr, cela les ramène de nouveau aux sorcières. Dans la société moderne, une femme qui porte des vêtements à l'imprimé félin, comme le léopard ou le tigre, est souvent considérée comme effrontée, sûre d'elle et de sa nature sexuelle. Si une femme veut paraître audacieuse, confiante et sexy, elle doit choisir des vêtements à l'imprimé animal.

Invocation du Féminin félin sauvage

Faire appel au Féminin sauvage sacré peut vous émanciper. Quand cette forte énergie vient du félin, elle vous remplit d'assurance, soutient votre indépendance et votre confiance en vous et vous permet de voir et de sentir le divin en vous. Utilisez cette invocation pour obtenir l'accès à ce pouvoir et à cette énergie :

Félin sauvage et féminin
Apporte-moi ta passion
Libre et fidèle à soi
Avec grâce, ruse et confiance
Ce que je te demande
Imprègne-moi d'énergie de la déesse.

Maggie Vandewalle

Rituel pour embrasser votre Féminin divin

Utilisez ce rituel pour entrer en contact et honorer le Féminin sauvage qui vit en vous.

VOUS AUREZ BESOIN :

- d'un vêtement à l'imprimé félin (écharpe, tee-shirt, chaussettes...)
- d'un espace extérieur où vous serez à l'aise
- de 3 bougies roses
- de 3 bougies rouges
- de 3 bougies noires
- de bougeoirs pour que toutes les bougies soient sécurisées à l'extérieur
- de 3 à 5 images qui représentent le « Féminin sauvage » pour vous
- d'un briquet ou d'allumettes
- d'une musique qui vous donne envie de danser et de vous sentir un peu « libre » et « sauvage »
- d'un journal intime et d'un crayon

PROCÉDURE :

1. Enfilez votre vêtement à l'imprimé félin.
2. Rejoignez votre lieu extérieur.
3. Disposez les bougies en un lieu sûr d'où elles ne peuvent pas se renverser. (Prenez toutes les précautions quand vous travaillez avec le feu. Respectez les interdictions locales.)
4. Placez les images du Féminin sauvage sur le sol.
5. Projetez un cercle.
6. Dites l'invocation au Féminin félin sauvage de la page 32.
7. Allumez les bougies.
8. Redites l'invocation.
9. Mettez la musique en marche.
10. Dansez ! Dansez autour des bougies et des images.
11. Sentez l'énergie du Féminin sauvage qui entre dans cet espace, qui se déplace et s'écoule autour de vous et en vous.
12. Dansez jusqu'à la fin de la musique. Vous pouvez la repasser ou en choisir une autre si vous en ressentez le besoin.

13. Marchez autour des bougies, en regardant le feu. Le feu, c'est la passion.
14. Dites l'invocation une troisième fois.
15. Marchez autour des images. Quels sentiments évoquent-elles ?
16. Asseyez-vous un moment et concentrez-vous sur votre nature sauvage, vos passions, votre feu intérieur et les sentiments qui émergent des images du Féminin sauvage.
17. Prenez des notes dans votre journal à propos de vos sentiments.
18. Soufflez sur les bougies.
19. Ouvrez le cercle.
20. Pensez à tout ramasser derrière vous si vous êtes dans un parc ou en pleine nature. Ne laissez aucune trace !

ASTUCE Faire des offrandes au Féminin sauvage après le travail est absolument approprié (voir l'astuce de la page 19 pour les offrandes.) Rappelez-vous que le fait de porter un vêtement à l'imprimé félin peut aussi vous aider à vous connecter au Féminin félin sauvage.

La connotation moderne la plus négative à propos des femmes et des chats est le surnom de « femme à chats ». C'est devenu un archétype culturel pour décrire une femme célibataire, généralement d'âge mûr, s'occupant de plusieurs chats. On les dit vieilles filles, ermites parfois et un peu loufoques par rapport aux standards de la société. Bien que ce soit quelquefois compris avec affection, c'est souvent une étiquette utilisée pour décrire les parias ou les personnes en marge de la société qui ont plusieurs compagnons félins. Certaines histoires parlent de collectionneuses d'animaux dans des conditions sordides. Il existe même des mythes selon lesquels une « femme à chats » meurt seule chez elle, et ses nombreux félins commencent à la manger. Les femmes à chats apparaissent dans la culture populaire, y compris dans certains feuilletons à succès comme *Les Simpson* ou *Les Experts*, avec une apparition dans *Saturday Night Live* sous les traits de Dana Carvey, et dans le jeu d'horreur psychologique *The Cat Lady* (2012) de Remigiusz Michalski. Cependant, il y a maintenant aux États-Unis une fête qui leur est consacrée, le National Cat Lady Day célébré le 19 avril, ainsi que le CatCon, dont les séminaires étaient auparavant hébergés par les acteurs Mayim Bialik (*Petite fleur*) et Ian Somerhalder (*Vampire Diaries*) pour aider à démystifier la légende de la vieille fille loufoque[8].

Persécution des chats

Quand le pape Grégoire IX publia le décret « Vox in Rama » en 1233, il relia officiellement les chats aux sorcières. À cause de cette association, ils ont eux aussi souffert de la persécution. La rumeur disait que c'était une réaction aux cultes sataniques en Allemagne qui décrivaient les chats noirs comme faisant partie de leurs cérémonies. Ce préjugé anti-félins s'est répandu dans l'Église et dans la société, résultant en de nombreuses exécutions de chats. On les brûlait et on les jetait du haut des clochers. Du XVe siècle au XVIIIe siècle, d'innombrables femmes ont été tuées après avoir été accusées d'être des sorcières. C'était souvent uniquement parce qu'elles avaient un chat. Ceux-ci étaient fréquemment tués avec leur propriétaire. En France, au XVIIe siècle, une femme condamnée pour meurtre par sorcellerie a été suspendue dans une cage au-dessus d'un feu avec quatorze chats qui ont subi le même sort. Une vieille légende raconte qu'un chat peut voler le souffle d'un bébé. En Angleterre, en 1791 à Plymouth, un jury a déclaré un chat coupable d'homicide dans ces circonstances et l'a condamné à mort.

La croyance selon laquelle les sorcières se changeaient en chats a traversé l'Atlantique avec les premiers colons. Cette croyance s'est accrochée et a été utilisée pour accuser des femmes de sorcellerie pendant la chasse aux sorcières de Salem et lors de leurs procès. La maladie des griffes du chat est une réalité, c'est une infection provoquée par la bactérie *Bartonella henselae* qui peut atteindre une personne griffée ou mordue par un chat. Sans la connaissance moderne des bactéries, les infections étaient souvent considérées comme des esprits maléfiques qui prenaient possession du corps. Quand une personne tombait malade après avoir été en contact ou griffée par un chat, celui-ci était mis à mort si on pouvait le trouver, parce qu'on pensait qu'il transportait des esprits malveillants et les transmettait aux gens.

Le Sabbat païen de Samhain est un jour sacré pour les sorcières. À cause de cela, les chats, surtout les noirs, étaient associés à la veille de la Toussaint, qui est devenue Halloween. Les chats noirs étaient souvent mutilés, torturés et tués à cette période parce qu'on croyait qu'ils étaient Satan venu se promener parmi nous.

Même si les points de vue ont changé depuis le Moyen Âge, il reste encore quelques superstitions concernant les chats noirs. Notre décor moderne pour Halloween les représente toujours comme symboles importants de la fête, sans doute parce qu'ils seront toujours liés aux sorcières et à la sorcellerie. Les pages des réseaux sociaux consacrées à des images de félins amis et/ou familiers sont parmi les plus ferventes avocates des chats noirs. Les sorcières d'aujourd'hui accueillent le stéréotype et se délectent du lien qu'elles ont avec leur chat. Nous l'accueillons non pas pour contrer les vieilles croyances de l'Église, mais parce qu'à l'instar des anciens Égyptiens nous reconnaissons que les chats sont vraiment des êtres magiques. Ils sont nos guides et nos familiers.

Messagers, guides et familiers félins

Qu'il soit messager, guide ou familier, si un chat nous fait la grâce de sa présence, nous devrions vraiment être honorés et prêter attention à ce qu'il a à dire.

Les animaux sont connus pour être des messagers de l'Esprit et des dieux. Les chats ne font pas exception. Ils viennent dans nos vies quand nous avons besoin qu'ils nous délivrent des messages et qu'ils nous aident et nous guident. Cela peut être sous la forme d'un simple visiteur ou messager, d'un chat domestique ou d'un familier. Quelle est la différence entre les trois et comment distinguer si un chat est vraiment votre familier ? Je donnerai la définition de chacun d'eux dans les paragraphes qui suivent.

MESSAGER ANIMAL

Un messager est un animal qui vient vers une personne pour lui délivrer un message spécifique de son être supérieur, de l'Univers, de l'Esprit, de ses guides, de ses ancêtres ou d'une déité. Nous ne cherchons pas ces animaux ; au contraire, ce sont eux qui nous cherchent.

Ces messagers peuvent se montrer sous leur forme corporelle, par exemple quand vous voyez un lapin ou une biche lors d'une promenade, ou bien une chouette dans un arbre de votre jardin. Les messagers animaux peuvent aussi apparaître sous forme d'esprit dans un rêve ou peut-être dans une vision de votre troisième œil. Ils sont de simples visiteurs porteurs d'un message. Ils peuvent rester une minute ou quelques jours selon le temps nécessaire pour que vous reconnaissiez leur message ou si celui-ci est complexe.

Il existe des histoires de chats errants qui arrivent sur le pas de la porte et traînent quelques jours avant de disparaître, après quoi la personne arrive à comprendre ou s'arrange pour éviter une catastrophe. Alors que certains interprètent cela comme une simple visite animale au milieu d'une série de coïncidences, c'est souvent bien plus que cela. Si un chat se montre soudain, ou si vous rêvez que vous en croisez un, prêtez-lui attention car il est venu délivrer un message. Vous pouvez lui demander de vous le transmettre d'une manière facile à comprendre. Vous devriez être capable de chercher simplement la symbolique du chat pour obtenir votre message ou bien vous avez besoin de creuser un peu plus et d'écouter vraiment ce qu'il tente de vous dire.

Souvent, un chat qui se montre est le reflet de nos besoins dans la vie, comme l'indépendance ou la liberté d'être nous-mêmes. La grâce et l'équilibre naturels du chat indiquent que vous avez sans doute besoin d'activité physique dans votre vie. Les chats sont également associés à l'obscurité. Pour en tenir compte, ils peuvent aussi vous dire que vous avez besoin d'un travail sur les ombres, de vous familiariser avec elles en plongeant dans votre subconscient pour trouver les aspects de vous-même avec lesquels vous êtes mal à l'aise et que vous avez par conséquent cachés. Cela peut inclure les traumatismes et tout ce que vous jugez indésirable. En vous engageant dans le travail sur les ombres, vous amenez activement ces aspects cachés de vous-même à la lumière pour commencer à accepter qu'ils fassent partie de votre être global. Les chats sont aussi à l'aise à marcher dans l'obscurité qu'à dormir au soleil, ils peuvent donc vous transmettre le besoin d'équilibrer votre vie.

GUIDE ANIMAL

Un guide est un animal qui vient dans notre vie comme enseignant pour offrir guidance, soutien, protection, pouvoir et sagesse et pour délivrer des messages. Il a une relation personnelle avec son propriétaire.

Comme les messagers, les guides animaux peuvent venir sous forme corporelle ou résider uniquement sur un plan astral ou spirituel. Ils restent de longues périodes de temps, parfois toute la vie d'une personne. Certaines cultures les appellent « esprits animaux » ou « totems ». Ici, nous les appellerons « guides animaux » par respect pour les autres civilisations et pour éviter toute appropriation culturelle.

Les chats sont de puissants alliés en tant que guides animaux, surtout auprès des sorcières, car elles sont capables de reconnaître la signification de leur présence dans leur vie. Les chats peuvent prêter leur magie et leur soutien, aider à soigner et, bien sûr, guider et enseigner. Notre chat guide nous rappelle de garder l'esprit aventureux, la curiosité et le courage d'explorer l'inconnu et l'inconscient. Un guide félin vous aidera à créer de saines frontières et à rester indépendant et autosuffisant. Il vous enseignera ce que signifie une vie équilibrée entre temps social et temps pour soi.

Les chats guides nous rappellent que nous pouvons chercher nos vérités intérieures et nous connecter à notre Soi mystique sans sacrifier notre lien à notre environnement naturel. Ils nous aident à comprendre qu'il n'est pas simplement bon d'embrasser notre nature sauvage et notre besoin de liberté, mais que c'est aussi impératif pour notre santé globale et notre bien-être[9].

Comment reconnaître un guide animal ? C'est souvent un animal auquel vous vous sentez fortement connecté, et parfois votre préféré. Sentez-vous un lien spécial avec les chevaux ou avez-vous toujours aimé les loups ? Les papillons viennent-ils souvent se poser sur vous ? Peut-être voyez-vous une biche à chacune de vos promenades ? Rêvez-vous souvent d'un animal particulier ? Si vous remarquez ce genre de choses à propos d'un animal, qu'il soit sauvage ou domestique, il y a de grandes chances pour qu'il soit votre guide.

Comment savez-vous alors si un chat est votre guide animal ? Pour faire simple, vous le sentirez et le chat vous le montrera. Si vous en avez plusieurs, peut-être vous sentez-vous plus proche de l'un d'eux. Peut-être avez-vous un chien et un chat et, tout en adorant votre chien, le lien que vous partagez avec votre chat est différent, plus profond. Votre famille ou vos amis peuvent remarquer une connexion entre vous et votre chat qui leur fait dire que c'est vraiment le vôtre. Dans ce cas, c'est souvent le chat lui-même qui le fait savoir parce qu'il se montre particulièrement affectueux avec vous et parfois hostile à d'autres membres de la famille auxquels il n'est pas connecté.

Vous pouvez remarquer que votre félin vous regarde d'une certaine manière, voire vous fixe du regard. Cela peut être sa manière de montrer qu'il vous aime ou, plus sûrement, c'est ainsi qu'il vous transmet un message. Vous pouvez aussi remarquer qu'après un long regard partagé avec lui, ou pendant qu'il est sur vos genoux, une idée surgit dans votre tête. Vous avez une inspiration, parfois une chose que vous ne parveniez pas à démêler s'éclaire d'un coup. C'est votre

guide chat qui vous aide. Il délivre des messages et vous montre le chemin. Vous pouvez aussi lui demander de l'aide. Demandez-lui s'il y a un message que vous avez besoin d'entendre, appelez-le pour une guidance. Alors que certains disent que les chats ne pensent qu'à se servir et à être servis, ceux qui se montrent comme guides dans notre vie sont là pour nous aider sur notre chemin, laissons-les faire. Soyez calme, ouvert et attentif.

Si vous n'êtes toujours pas sûr d'avoir un guide animal félin, il existe un moyen facile de le révéler, en utilisant le rituel de la page suivante. Si vous n'avez pas de chat, n'ayez crainte parce que vous pouvez toujours avoir un félin comme guide.

Rituel pour appeler votre guide félin

Pratiquez ce rituel pour déterminer si vous avez un guide félin ou non.

VOUS AUREZ BESOIN :

- d'une bougie en forme de chat ou d'une bougie normale noire
- d'un briquet ou d'allumettes

ASTUCE Si vous trouvez une bougie chat, cela peut faciliter la rapidité de la réponse à ce travail. Elles se trouvent d'ordinaire en ligne ou dans les boutiques ésotériques locales. Notez bien que la couleur de la bougie n'est pas importante pour ce travail. Si vous n'en trouvez pas, je vous suggère d'utiliser une bougie noire à la place parce que cette couleur est souvent associée à la magie.

PROCÉDURE :

1. Placez la bougie sur votre autel ou dans votre espace sacré personnel.
2. Projetez un cercle.
3. Allumez la bougie.
4. Utilisez l'invocation à la déesse Bastet de la page 16. (Si vous n'êtes pas à l'aise pour travailler avec une déité ou si cela ne fait pas partie de votre pratique, cette étape peut être sautée.)
5. Observez la flamme de la bougie. Si c'est une bougie chat, remarquez comment la lumière varie sur sa forme quand la flamme vacille.
6. Quand vous êtes prêt, psalmodiez trois fois ce qui suit :

Guide félin
Si tu es mien
Fais-toi connaître
Pour renforcer nos liens.

7. Continuez d'observer la flamme de la bougie.
8. Remarquez si votre chat entre dans la pièce ou si vous en voyez un sur votre écran intérieur.

9. Si rien ne se passe pendant votre travail, laissez brûler la bougie dix minutes de plus, puis soufflez dessus. Pour reprendre le travail, rallumez-la et laissez-la brûler pendant deux nuits supplémentaires (pour un total de trois.) Utilisez la prière à chaque fois. (Remarque : faites attention quand vous travaillez avec les bougies, assurez-vous qu'elles soient bien éteintes à la fin.)
10. Si vous avez invoqué Bastet, remerciez-la et dites-lui au revoir.
11. Ouvrez le cercle.

Prêtez attention à vos rêves les nuits qui suivront pour voir si un chat fait son apparition. S'il reste un peu de bougie, laissez-la sur votre autel jusqu'à être certain du résultat, puis rangez-la.

FAMILIER ANIMAL

Un familier animal est un être spirituel ou une entité qui conclut un pacte avec une sorcière pour l'assister dans ses œuvres magiques, pour apporter son soutien, son pouvoir et sa compagnie. Les familiers peuvent prendre diverses formes, mais les formes animales sont les plus courantes.

Certains dictionnaires modernes ont toujours des définitions négatives de l'esprit familier et le décrivent comme un démon. Cela montre que, bien que les choses évoluent par rapport aux sorcières, les vieilles croyances sont longues à disparaître. Si ce sont des esprits ou des entités, ce ne sont pas des démons, surtout dans le sens biblique. Ils ont une énergie totalement différente.

Si vous faites partie des chanceux qui ont un vrai familier, vous savez que c'est un lien à nul autre pareil. Cela va au-delà de l'animal adoré et au-delà de la connexion que vous avez avec un guide animal. Bien que les familiers soient aussi des guides, il est important de se souvenir que tous les guides ne sont pas des familiers, et un animal adoré, même un chat, peut ne pas être votre familier.

Les familiers choisissent la personne avec qui ils travaillent et ils choisissent aussi leur forme. Même si des sorcières disent qu'elles ont un chien, un rat, un serpent ou un autre reptile, ou même un oiseau comme familier, il semblerait que la forme la plus courante soit celle du chat. On pense que le caractère énergétique du félin accepte mieux la magie de l'esprit familier. Il est courant aussi d'avoir un esprit familier qui revient sous une autre forme – en se réincarnant, si l'on peut dire. Bien qu'il ne meure pas quand sa forme animale traverse le voile, il est libéré et peut choisir de revenir vers vous.

C'est un véritable cadeau d'avoir un familier. Quand il vient sous la forme d'un chat, c'est une expérience unique et extrêmement magique. Peut-être est-ce parce que le chat est en soi un être magique. Comme nous l'avons déjà vu, les anciens étaient conscients de la magie spéciale que possèdent les chats. Quand vous associez les énergies naturelles du félin à celles d'un esprit familier, c'est absolument remarquable. Ils s'assoient dans le cercle avec nous, nous prêtent leur pouvoir pour les rituels et les sortilèges, servent de protecteurs et de gardiens, agissent comme une ancre dans ce plan quand nous voyageons dans le monde astral, et bien plus encore. Ils font tout cela en tenant leur rôle de guides et de messagers et en nous cajolant le soir.

Alors, comment reconnaître un familier ? Comment être sûr que l'adorable boule de poils enroulée sur vos genoux est un être surnaturel puissant ? Une fois de plus, c'est un lien à nul autre pareil. Si vous avez d'autres animaux, prenez le temps de vous connecter à leurs énergies et de ressentir ce lien. Si vous avez un guide animal, sentez cette connexion, son pouvoir et sa manière de vous répondre. Puis prenez en vous l'énergie de votre possible familier. En quoi est-elle différente des autres ? Certains décrivent ce lien comme semblable à celui d'une âme sœur. Imaginez que vous soyez dans une animalerie qui organise une journée d'adoption et que vous flâniez près des cages remplies de chatons. L'un d'eux vous regarde dans les yeux et vous ressentez quelque chose comme « Oh ! Te voilà ! » C'est à cela que ressemble la connexion à votre familier. Vous sentez son pouvoir, même si c'est un chaton. Vous savez qu'il vous a choisi.

Si vous n'êtes toujours pas sûr que votre chat soit votre familier, plusieurs options sont à votre disposition pour le savoir. Vous pouvez consulter votre pendule si vous avez l'habitude d'en utiliser un. Commencez par demander si vous avez un familier et, si la réponse est affirmative, tenez le pendule au-dessus du chat en question et demandez s'il est l'esprit familier qui vous a choisi. Si oui, vous avez votre réponse. Sinon, vérifiez auprès de vos autres animaux. Si la réponse est toujours négative, soit votre familier n'a pas encore pris sa forme corporelle, soit il n'en a pas l'intention et il vous assistera depuis le plan astral ou spirituel. Pensez bien, quand vous travaillez avec le pendule, à déterminer que tel mouvement signifie « oui » et que tel autre signifie « non » avant de solliciter une guidance, car chaque mouvement peut représenter une chose différente pour chacun.

Une autre manière de révéler si vous avez un familier félin consiste à pratiquer un petit sortilège. Cela facilitera aussi le contact entre vous et votre esprit familier. Ce type de travail ressemble au rituel qui aide à révéler si votre chat est votre guide animal.

Rituel pour révéler votre familier félin

Pratiquez ce rituel si vous voulez ou avez besoin de trouver votre familier.

VOUS AUREZ BESOIN :

- d'une bougie chat ou d'une bougie noire
- d'un briquet ou d'allumettes

ASTUCE Si vous trouvez une bougie en forme de chat, cela peut faciliter la rapidité de la réponse à ce travail. Notez bien que la couleur de la bougie n'est pas importante. Si vous n'en trouvez pas, je vous suggère d'utiliser une bougie noire à la place car cette couleur est souvent associée à la magie.

PROCÉDURE :

1. Placez la bougie sur votre autel ou dans votre espace sacré personnel.
2. Projetez un cercle.
3. Allumez la bougie.
4. Entonnez l'invocation suivante trois fois :

Si c'est vraiment ce qui doit être
Si tu es là pour travailler avec moi
Ô esprit familier félin
C'est ma demande, entends-la
Il est temps de te révéler
Que la magie soit notre sceau.
Ce que je veux, que cela soit
(après la troisième fois).

5. Continuez d'observer la flamme de la bougie.
6. Remarquez si votre chat entre dans la pièce ou si vous en voyez un dans votre esprit.
7. Si rien ne se passe pendant votre travail, laissez brûler la bougie dix minutes de plus, puis soufflez dessus. Pour reprendre le travail, rallumez-la et laissez-la brûler pendant deux nuits supplémentaires (pour un total de trois).
8. Ouvrez le cercle.

ASTUCE Prêtez attention à vos rêves les nuits qui suivront pour voir si un chat fait son apparition. S'il reste un peu de bougie, laissez-la sur votre autel jusqu'à être certain du résultat, puis rangez-la.

GUIDES VS. FAMILIERS

Donc, maintenant que nous savons qui sont les guides et les familiers, et comment les reconnaître, en quoi sont-ils différents ? Quel rôle jouent-ils réellement dans nos vies ? Comment nous connecter à eux au niveau énergétique ? L'une des différences principales commence dès la définition de ce qu'ils sont, non seulement dans notre relation, mais aussi dans leur pouvoir et leur énergie globale. Leur rôle dans nos vies peut varier selon nos besoins.

Les guides peuvent exister sous forme corporelle ou seulement sur le plan astral ou sur un autre plan métaphysique. Vous pouvez aussi avoir un animal qui passe de l'autre côté et dont l'esprit continue de vous guider. Les familiers peuvent également exister sur le plan physique ou métaphysique. Alors qu'un esprit guide peut choisir de rester avec quelqu'un pour le reste de sa vie naturelle, un esprit familier peut choisir de se réincarner et de revenir encore et encore, même dans la vie suivante de sa sorcière.

Chacun de nous peut avoir un guide animal – que ce soit un chat, un chien, un oiseau, un ours, un loup, un lézard, un dauphin ou toute autre espèce – même s'il n'en est pas conscient. Certains en ont même plusieurs. C'est assez courant chez les personnes pratiquant la magie. Cependant, seuls les chamans, sorciers et autres magiciens possèdent un familier, et ils ne peuvent en avoir qu'un à la fois. Cela ne signifie pas, si leur familier est sous forme physique et passe de l'autre côté, qu'un autre ne puisse le remplacer. Il existe des histoires de personnes ayant un familier dans leurs jeunes années et un autre pour leur vieillesse. Ce n'est pas la même chose qu'un esprit familier qui se réincarne sous une forme différente. C'est une autre entité indépendante de la première. Cela peut être un exemple de l'évolution des capacités énergétiques ou magiques de la sorcière au fil du temps et de son besoin d'un autre type de pouvoir qui arrive sous forme du nouveau familier.

Si vous n'avez pas encore vérifié que vous avez un guide animal félin et/ou un familier avec le rituel, il serait judicieux que vous le sachiez avant d'essayer de vous connecter vraiment avec lui. Quand la présence d'un guide chat est établie, vous pouvez vous connecter et vous lier à lui par des méditations ou par un voyage chamanique dans le monde souterrain (voir pages 53-54) s'il n'est pas sous forme corporelle. Si le guide chat se montre sous la forme d'un chat errant ou d'un animal domestique, reliez-vous en prenant soin de lui et en lui parlant, car c'est un moyen d'affirmer que vous êtes ouvert à la communication. Posez-lui des questions comme à un humain, par exemple : « Comment s'est passée ta journée ? » ou « Raconte-moi ce qui s'est passé dans la maison la nuit dernière. » Ne soyez pas surpris de commencer à recevoir des impressions sur ses sentiments, des images qui vous viennent à l'esprit ou même des mots qui arrivent dans vos pensées sans être les vôtres. C'est leur manière de vous parler.

Même si le lien avec un familier implique de prendre soin de lui, il est vraiment forgé et renforcé par les travaux magiques. Chaque fois que vous pratiquez un sortilège ou un rituel, gardez-le près de vous. Il est conseillé d'attendre que le chat ait atteint l'âge adulte avant de soutirer sa magie ou de lui demander de vous la prêter. C'est uniquement pour la sécurité du chaton qui est le vaisseau de l'esprit familier, car il est en pleine croissance et cela requiert une grande quantité d'énergie. Le lien avec un familier félin résidant sur le plan astral s'établit également par des travaux magiques.

Bien qu'il soit plus courant d'avoir un esprit familier félin qui vient à la sorcière en tant que chat domestique, rappelez-vous qu'il peut se montrer sous la forme d'un chat errant qui va et vient à sa guise, apparaissant pendant quelques jours synchronisés sur le cycle lunaire ou seulement quand la magie est dans l'air. Si c'est le cas, c'est à la sorcière de respecter les frontières érigées par son familier.

On pense que les entités qui sont des esprits familiers se montrent comme chats errants quand c'est leur première sortie de l'astral ou d'un autre plan métaphysique. C'est un ajustement pour eux de vivre dans une forme physique et ils peuvent trouver difficile de rester longtemps au même endroit. Vous pouvez malgré tout vous lier à eux de la même manière, en leur laissant de l'eau et de la nourriture, en leur créant un petit abri et en leur parlant quand ils sont présents. S'ils le permettent, vous pouvez les laisser entrer un moment pendant que vous pratiquez votre travail magique. Cependant, ce genre de familier se sent généralement plus à l'aise avec les rituels et sortilèges à l'extérieur.

Les guides animaux et les familiers qui n'existent que dans le plan métaphysique peuvent aussi faire des apparitions dans le monde physique. Cela peut se faire sous la forme de chats errants se montrant soudainement dans votre jardin ou sur votre lieu de travail. Comment saurez-vous que c'est plus qu'un animal errant ? Ouvrez-vous et ressentez. Avez-vous récemment demandé quelque chose à votre guide ou à votre familier ? Avez-vous cherché une guidance ou la réponse à une question ? Si oui, il est plus que probable que ce soit sa façon de vous apporter un message ou de vous venir en aide. Une autre forme possible est celle du grand félin. Il existe des histoires d'un lion ou d'un tigre qui s'approche des vitres de son enclos pour fixer intentionnellement une personne. Ne négligez pas ce type de rencontre si cela vous arrive. Une fois de plus, soyez ouvert et écoutez.

LE RÔLE D'UN CHAT DANS NOS VIES

Le rôle des chats domestiques consiste à purifier nos maisons des énergies indésirables ou négatives. Nos guides félins ne servent qu'à être des guides. Ils sont là pour délivrer des messages et enseigner. Un guide chat vous mènera souvent à votre vie spirituelle ou magique. Bien qu'ils puissent prêter leur soutien et leur pouvoir, ce n'est pas là que résident leurs vraies capacités. En revanche, un esprit familier félin entre dans nos vies pour nous aider dans notre parcours magique et remplir notre destin de sorcière. Il nous prête son pouvoir et sa magie, les fusionnant avec les nôtres pour arriver à atteindre d'autres dimensions et à accéder aux énergies et aux magies supérieures. C'est un protecteur et un gardien.

Bien qu'il soit courant qu'une sorcière possède un chat qui est aussi son guide ou son familier, il est important de se souvenir que la plupart des chats ne sont que des animaux de compagnie. Cela ne veut pas dire qu'ils ne sont pas de merveilleux compagnons et que nous les aimons moins. Cela signifie simplement qu'ils ne sont pas dans nos vies pour nous servir de façon spirituelle. Comme les chats sont des créatures magiques en elles-mêmes, il est toujours parfaitement possible de travailler avec leurs énergies, qui sont seulement différentes de celles d'un guide ou d'un familier.

On dit que la raison pour laquelle les chats domestiques semblent toujours aussi mécontents est qu'ils sont de parfaits prédateurs. Ils possèdent tout ce que possède le tigre : des griffes rétractiles acérées, des dents pointues, la ruse et la grâce, une capacité incroyable à sauter, grimper et bondir – mais ils ne pèsent que quatre kilos et nous pouvons les soulever continuellement pour les câliner. Quand on y pense, on voit bien la vérité. Tout est là, mais à une échelle plus petite pour ce félin. Les énergies d'un chat domestique et celles d'un grand félin sont les mêmes.

Bien que rare, une autre possibilité est d'avoir à la maison un grand félin. Vous devez penser : « Comment pourrais-je travailler avec lui ? » Si vous effectuez le sortilège pour révéler votre familier et découvrez un puma, ne craignez rien. Il y a des moyens de travailler avec ces animaux, cela demande juste un peu plus d'efforts.

VOYAGE CHAMANIQUE DANS LE MONDE SOUTERRAIN

Dans la tradition chamanique des Andes, le monde souterrain (à ne pas confondre avec l'enfer chrétien) est la résidence des guides animaux. Pour voyager dans ce monde, je vous suggère d'enregistrer le texte suivant que j'ai créé et de l'écouter jusqu'à être capable de voyager sans son aide. Des percussions en fond sonore sont souvent appréciables pour ce travail. Programmez un chronomètre sur vingt à trente minutes pour vous ramener.

Rituel à enregistrer pour révéler votre familier félin

Fermez les yeux et prenez trois respirations profondes, en inspirant et en expirant lentement à chacune d'elles… Imaginez-vous maintenant dans une grande prairie. Voyez les herbes se balancer sous la brise. Vous remarquez une forêt au bout de la prairie. Vous commencez à vous diriger vers les arbres et vous voyez un chemin. Suivez-le. Le chemin entre les arbres commence à descendre un peu jusqu'à ce que vous atteigniez un cul-de-sac face à un arbre massif qui s'étale dans toutes les directions. Vous remarquez une large ouverture à la base de l'arbre et vous voyez le chemin s'y engager. C'est l'entrée du monde souterrain et il y a un être qui la garde. Vous lui demandez la permission d'entrer. Il vous donne l'accès et vous montre le chemin qui se prolonge à l'intérieur. Ce chemin descend, descend, descend toujours plus bas. Il serpente et s'enroule jusqu'à atteindre une rivière souterraine. Instinctivement, vous vous allongez dans l'eau qui vous éclabousse et vous purifie. Puis vous sortez de l'autre côté et vous êtes sec. Vous continuez sur le chemin jusqu'à apercevoir une ouverture où se déverse une lumière. En atteignant l'ouverture, vous vous trouvez dans un monde merveilleux rempli de fleurs, d'arbres et d'animaux de toutes sortes. Il y a un banc qui vous attend et vous vous asseyez. Vous voyez au loin un félin qui s'approche de vous. C'est votre guide, et il est temps de vous relier à lui… Restez ainsi jusqu'à entendre le chronomètre vous rappeler. Quand il sonne, repartez par où vous êtes venu.

Prenez le temps d'écrire votre expérience, tous les messages qui vous sont parvenus ou la guidance spéciale que le félin vous a offerte. Souvenez-vous que vous pouvez refaire ce voyage autant de fois que vous le souhaitez.

Énergie des grands félins

Les grands félins peuvent remplir d'effroi ceux qui les rencontrent. Le plus souvent, ils observent, toujours curieux. Apprenez à écouter leur énergie. Les pumas peuvent même avertir des dangers sur le chemin. Non, n'ayez pas peur d'eux ; écoutez-les.

La magie féline ne se limite pas à celle du chat domestique. L'énergie des grands félins est puissante et ils peuvent être des alliés fantastiques pour vos rituels et sortilèges. C'est plus délicat de travailler avec eux qu'avec un chat domestique. Vous ne pouvez tout simplement pas inviter un tigre ou un puma dans votre salon. À moins d'avoir un accès privilégié à un sanctuaire pour félins – et même cela peut s'avérer compliqué –, la majeure partie de ce travail se fera dans le monde astral ou en invoquant l'énergie ou l'esprit d'un grand félin.

Avant de réfléchir à la possibilité de travailler de la sorte, il est important d'avoir une compréhension des différentes énergies.

La plupart des grands félins détiennent l'essence du Féminin divin. Il y a cependant une exception. Mère Nature essaie de maintenir l'équilibre en harmonisant le Féminin divin et le Masculin divin. Pour cela, elle nous offre à la fois les énergies féminine et masculine chez les grands félins. Le rôle de ces magnifiques créatures est semblable à celui du chat domestique, c'est-à-dire qu'elles débarrassent leurs territoires des énergies négatives. Elles essaient aussi de participer à soigner la Terre.

L'ÉNERGIE MASCULINE DU LION

L'énergie masculine des grands félins est détenue par le lion majestueux. En regardant des images, il est facile de voir pourquoi on l'appelle le « roi des animaux ». Certains pensent que les énergies masculines du lion servent de protection contre les visiteurs indésirables sur notre planète. Son puissant rugissement se réverbère dans les strates de la Terre et envoie le signal de rester au loin. Il symbolise la majesté, la grâce, le commandement, la puissance et le courage. Sa crinière dorée et éclatante est un symbole de l'énergie solaire dans plusieurs anciennes cultures, reliant son espèce au Masculin divin et au pouvoir du Soleil. L'énergie du lion est empreinte de chaleur et de vitalité, qui vous attire et vous imprègne de passion et d'amour de la vie.

Si le lion puissant vient rugir dans votre vie en tant que messager, sachez qu'il est temps d'agir. Il délivre souvent des messages qui parlent de garder votre pouvoir ou de le reconquérir, de prendre un rôle de dirigeant, de protéger votre famille, de bannir les peurs et d'avoir le courage de faire ce qui doit être fait. Il peut aussi vous faire savoir que vous avez besoin d'équilibre ou de puiser dans le Masculin divin en vous.

Quand le lion est votre guide animal personnel, il vous insuffle l'énergie du rôle de dirigeant. Les personnes avec un lion pour guide commandent avec grâce sans effort apparent ; c'est naturel pour elles de prendre le gouvernail. Le lion marche à leurs côtés, les aidant à maintenir l'équilibre entre les classes sociales par des idéaux et une morale solides tout en affrontant les difficultés. Il les guide vers des moyens d'expression de soi à la fois humbles et inébranlables.

Ceux qui rencontreront le lion comme familier remarqueront qu'il offre presque un pouvoir illimité à leurs pratiques magiques. Il donne aussi à la sorcière la capacité d'absorber une énergie solaire majeure et d'être capable de la canaliser dans ses sortilèges. Les humains « lion » aiment souvent l'été et sont attirés par le soleil et par les déités et les énergies de l'élément feu. Leur familier lion leur apprendra à travailler respectueusement avec ces énergies et à honorer leur propre pouvoir Masculin divin, puisque nous possédons tous cette énergie en nous.

Les lions ont un alignement intuitif précis avec leurs chakras de la gorge et de la couronne, ce qui les connecte naturellement aux énergies et à la communication universelles les plus élevées. En tant que familier, le lion partage gracieusement ses capacités de connexion et de communication avec sa sorcière préférée[10].

FÉLINS MÉLANISTIQUES

Les félins noirs – léopards et jaguars mélanistiques – sont appelés communément « panthères noires ». Ils possèdent des énergies féminines et ont la réputation d'être des meneurs spirituels qui aident les humains à élever leurs vibrations. Comme leurs cousins domestiques de petite taille, les léopards et les jaguars noirs sont associés aux sorcières et à la sorcellerie. Ces deux espèces sont unies à la nuit et à l'énergie lunaire.

À cause du niveau élevé de mélanine qui masque leurs taches, le léopard et le jaguar noirs viennent dans votre vie comme messagers, signalant qu'il est temps de retirer le masque derrière lequel vous vous cachez. La panthère noire vous dit aussi qu'il est temps d'affronter l'obscurité et de travailler sur vos ombres.

Si la panthère noire est votre guide animal, vous avez certainement une affinité avec l'énergie lunaire et les travaux qui prennent en compte les phases de la Lune. Les humains « panthère noire » adorent la solitude et ont tendance à être noctambules. En tant que guide, la panthère noire apprend à développer les capacités médiumniques naturelles. Elle peut aussi vous aider à débrider votre potentiel sensuel et sexuel.

Très proche du guide panthère noire, le familier offre à sa sorcière sa puissante magie lunaire. Les sorcières ayant une panthère noire comme familier ont tendance à être solitaires et à travailler avec les déesses lunaires ou avec l'énergie des déesses de l'ombre. La panthère noire en tant que familier enseigne à sa sorcière à ne pas craindre l'ombre en chacun de nous, et elle l'aide à intégrer pleinement son côté sombre. Puisque la panthère noire est une transformiste hors pair et un as du déguisement, elle apporte cette connaissance à sa sorcière afin qu'elle puisse aussi se dissimuler et voyager entre les mondes sans être vue. Elle améliore ses capacités médiumniques ainsi que sa divination et ses sortilèges.

FÉLINS TACHETÉS

Bien que le léopard et le jaguar soient de la même famille que leurs cousins mélanistiques, à part la variation génétique qui colore ces derniers de noir, ils ont d'autres énergies. Même s'ils portent toujours celles du Féminin divin, les leçons qu'ils apportent sont différentes.

Selon un dicton, « le léopard ne peut pas changer ses taches ». Bien que la plupart des gens comprennent cette affirmation dans une connotation négative, elle peut aussi contenir la guidance la plus puissante du léopard : être soi-même sans le moindre regret. Portez vos taches avec fierté, car vous n'avez pas à les cacher. En tant que guide animal, le léopard nous apprend à suivre notre intuition et nos instincts sans essayer d'anticiper. Il montre comment avoir confiance en soi. Comme les animaux qui grimpent souvent aux arbres et dont la vision est impeccable, le léopard nous rappelle que la résolution d'un problème dépend parfois d'un changement de perception.

En tant que familier, le léopard prête une grande force à sa sorcière. C'est l'un des plus petits félins sauvages et pourtant l'un des plus robustes, capable de tirer une proie trois fois plus lourde que lui jusque sur les branches d'un arbre. Il rappelle à la sorcière que la magie n'est que force de volonté pure et confiance en soi. Le familier léopard guide la sorcière sur son chemin, lui rappelant constamment qui elle est vraiment et comment faire confiance à son pouvoir personnel. Comme beaucoup d'autres félins, le léopard possède une excellente vision nocturne et il dote sa sorcière de la capacité de voir dans le noir, ce qui inclut des dons exceptionnels de divination.

Les léopards des neiges vivent sur les sommets de l'Himalaya. En tant que guides, ces félins vous apprendront l'art d'être insaisissable et de savoir vous cacher quand c'est nécessaire. À cause de l'environnement inhospitalier où ils résident, ils peuvent nous apprendre bien des choses sur les moyens de survivre quand nous pensons que c'est impossible.

Le léopard des neiges est vénéré par les Népalais en tant que gardien d'une sagesse ancienne et, si vous en avez un comme familier, vous serez doté aussi de cette sagesse et de cette connaissance ancestrales. Les familiers léopards des neiges nous donnent la résilience et la capacité de conserver les énergies. Ils offriront le pouvoir de la paix intérieure à leurs sorcières. Comme ils vivent en haut des montagnes sacrées, ils sont connus pour attirer d'autres esprits sacrés et ils apprennent à leurs sorcières à appeler ces entités pour travailler avec elles.

Le jaguar est le gardien du portail de l'inconnu et du mystique, et c'est une force d'énergie brute et primaire. En tant que guide animal, il peut vous montrer comment accéder aux annales akashiques et faire un tour dans vos vies antérieures. Les annales akashiques sont une compilation de tout ce qui arrive dans l'Univers, y compris les pensées, les paroles et les émotions de toutes les entités et de toute forme de vie – pas uniquement humaine – dans le passé, le présent et le futur. Les jaguars enseignent comment revendiquer votre pouvoir en éveillant l'énergie de votre noyau central. Ils sont l'incarnation à la fois du Soleil et de la Lune et, par conséquent, ils sont capables d'enseigner l'équilibre et de montrer comment marcher dans les espaces liminaux.

Une énergie intense entoure le jaguar et en fait un familier particulièrement puissant. On dit qu'il gouverne le Monde souterrain – considéré comme un lieu sans lumière par certaines cultures – et, grâce à cela, il dote sa sorcière de la capacité de percer le voile de l'ombre et d'y puiser du pouvoir. Puisqu'ils sont les gardiens des portails mystiques, les jaguars montrent le chemin à leurs sorcières et les guident jusqu'au but. Ils incarnent l'énergie lunaire et assistent la magie de la Lune tout en facilitant les capacités médiumniques, l'intuition et la force d'affronter courageusement l'obscurité.

Le guépard est le mammifère terrestre le plus rapide, atteignant des vitesses de 121 kilomètres à l'heure, et il peut dépasser la plupart des voitures de course avec une vitesse d'accélération passant de 0 à 103 kilomètres à l'heure en seulement trois secondes. Cette énergie tient à l'action et aux décisions rapides. Il nous rappelle aussi qu'il faut trouver notre rythme.

Avec le guépard comme guide à nos côtés, nous apprendrons non seulement l'art de faire confiance à nos instincts comme ils viennent pour prendre des décisions rapides, mais également combien il est vital d'agir vite dans certaines situations. La colonne vertébrale du guépard est la plus souple de toutes celles des félins, c'est ce qui lui permet d'accroître sa vitesse. Cette adaptation nous montre l'importance de rester flexibles dans nos vies, car cela nous donne un avantage sur la pensée rigide et l'étroitesse d'esprit.

En tant que familier, le guépard aide sa sorcière à découvrir comment utiliser correctement son énergie et sa magie personnelles. Il vous rappellera que, parfois, la rapidité et la facilité valent mieux que la lenteur de réaction. La sorcière apprendra des sortilèges minute pour protéger son énergie, sa maison et elle-même. Le guépard vous offrira des éclairs d'énergie, la confiance en vos capacités personnelles et les moyens de réagir ou de vous adapter aux situations où la magie rapide est la plus utile.

AUTRES FÉLINS SAUVAGES

Le tigre est le plus grand de tous les félins. Son énergie est une force puissante de robustesse, de contrôle et de détermination. Comme le léopard et le jaguar dont les taches sont des empreintes de leur individualité, ses rayures sont uniques. Comme il aime l'eau, il diffuse également une énergie fluide qui apporte un fort soutien émotionnel.

Ses rayures ne sont pas symétriques et ne suivent aucun modèle spécifique. Celles de gauche ne reflètent pas celles de droite. Grâce à cela, un tigre comme guide animal vous enseignera que vous êtes beau comme vous êtes et vous apprendra à embrasser votre originalité. Il vous guide vers la stabilité émotionnelle et, par ses gentils « ronrons », un son de plaisir qui n'appartient qu'aux grands félins, surtout aux tigres, il réussit à communiquer ses émotions aux autres. Comme ils ont d'immenses territoires à protéger, les tigres nous apprennent ce que signifie être capable de poser et de maintenir de saines limites.

Si vous avez ce félin puissant comme familier, vous avez des chances d'être doté de « seconde vue. » Les tigres ont de « faux yeux » à l'arrière des oreilles, qui donnent l'impression qu'ils voient dans toutes les directions. À cause de leur grande taille, ils ne peuvent pas poursuivre leurs proies très longtemps. Ils comptent donc sur leur stratégie et la patience, et c'est l'énergie qu'ils offrent à leurs sorcières. Ils apportent la sagesse de savoir quand et comment agir. Ils nous enseignent le timing divin et universel, et comment les choses viennent à nous au moment où elles doivent arriver. Comme le guide tigre, le familier aide la sorcière à conserver ses limites. Il lui confère sa magie pour créer des boucliers puissants.

Puma, couguar, lion des montagnes. Comme son nom le suggère, ce dernier vit dans les zones montagneuses escarpées et rocailleuses. À cause de cela, il est connu pour faire un avec la Terre-Mère et agir comme gardien des sommets. Il peut escalader rapidement des rochers abrupts, apportant une énergie d'équilibre et d'agilité. Les pumas, eux, se promènent du Canada à l'Argentine, entretenant l'adaptabilité et la confiance en soi. En tant que messagers, ils viennent à nous quand nous avons besoin qu'ils nous montrent comment trouver notre équilibre. Ils apparaissent aussi pour nous dire de ne pas craindre d'aller plus haut, de trouver quelque chose qui nous mène au niveau supérieur et nous fasse entrer dans notre pouvoir.

Quand nous sommes bénis d'avoir le puma comme guide animal, il nous rappelle de « regarder avant de sauter, » de respirer et de nous recentrer avant de faire un nouveau mouvement. Comme le puma est un félin qui ronronne, il nous apprend le sens de la satisfaction et la manière de trouver du plaisir dans la vie.

Le travail avec un puma comme familier aide les sorcières à focaliser leurs intentions et leur force, en utilisant leur pouvoir avec sagesse. Le puma dote sa sorcière d'une énergie terrestre intrépide et lui montre comment interagir avec elle et l'utiliser dans ses sortilèges. La sorcière a des chances d'endosser le rôle de gardienne de la Terre et de pouvoir invoquer la puissance des montagnes. Un familier puma l'aide à rester ancrée pendant qu'elle transmet d'énormes quantités d'énergie.

Il existe d'autres félins dont nous n'avons pas encore parlé, comme le lynx, le serval, la panthère nébuleuse, le caracal et l'ocelot. Il y a aussi d'autres félins plus petits. Ils ont tous des énergies variées et partagent différents aspects de la magie avec vous. Il est important de vous rappeler que tous doivent être respectés, quelle que soit leur taille.

TRAVAILLER AVEC L'ÉNERGIE DES FÉLINS

Quand nous travaillons avec l'énergie des félins, l'expérience est profonde et magique. Ces puissantes créatures viennent au-devant des sorcières, chamans et autres magiciens depuis des millénaires. Des histoires circulent à propos de fortes interactions avec des félins dans la nature, dans des sanctuaires et même dans des zoos. Regarder dans les yeux d'un puma pendant qu'il vous délivre son message est quelque chose qui reste imprégné en vous longtemps après l'expérience.

En tant que sorcières, nous avons la capacité d'attirer cette énergie. Nous pouvons invoquer le pouvoir du lion quand nous avons besoin de courage. Nous pouvons appeler la panthère noire pour travailler avec les ombres et l'obscurité. Nous pouvons utiliser simplement l'énergie de l'animal ou appeler son esprit à nous rejoindre. À nous de l'inviter dans notre cercle magique pour nous aider dans nos sortilèges ou lui demander de cheminer près de nous quand nous avons besoin de soutien et d'une guidance supplémentaire.

Reportez-vous à la liste qui commence page 69 et répertorie les différentes énergies et aspects des félins. Vous trouverez aussi beaucoup d'informations en ligne sur chacun d'eux en tant que messager ou guide. Si vous n'êtes pas sûr de celui que vous devriez appeler, utilisez le sortilège de la page 68 pour invoquer le félin dont vous avez besoin. Ayez confiance, celui qui se montre est celui que vous réclamez, et rappelez-vous que le plus important est de rester ouvert à ses messages et enseignements.

Une fois de plus, quand vous vous demandez si un félin est bien votre familier, utilisez le sortilège de la page 68 pour le révéler.

Qu'ils se montrent comme messagers, guides ou familiers, les félins doivent être protégés et vénérés. Souvenez-vous que nous ne les choisissons pas, ce sont eux qui nous choisissent.

Si vous savez quel félin appeler, les poèmes suivants pour chacun d'eux serviront d'invocation et attireront leurs énergies et leurs esprits. Il existe aussi des bougies colorées recommandées correspondant à chaque énergie. Leurs couleurs s'alignent soit directement avec l'énergie du félin, soit avec ses couleurs propres.

Remarque : ce ne sont pas des sortilèges mais des invocations qui peuvent s'utiliser à tout moment, avec ou sans bougie, pour appeler l'énergie du félin spécifique dont vous avez besoin. Rappelez-vous que les invocations ne font qu'attirer l'énergie à vous tandis qu'un sortilège incorpore cette énergie dans un travail de magie. Si vous souhaitez utiliser des bougies, reportez-vous à la page 142 pour une référence aux significations des couleurs qui correspondront le mieux à votre intention pendant le travail.

Rituel pour invoquer l'énergie des grands félins

Utiliser ce rituel pour invoquer l'énergie des grands félins dont vous avez besoin en ce moment.

VOUS AUREZ BESOIN :

- d'un crayon
- d'un carnet ou d'un journal intime

PROCÉDURE :

1. Entrez dans votre espace sacré.
2. Projetez un cercle.
3. Entonnez la psalmodie suivante trois fois :

Féroce et sauvage
D'une beauté sans nom
Ta force sera retenue dans ce cercle
Puissante et imposante
Énergie féline
Je te demande de venir à moi
Ce que je veux, que cela soit (après la troisième fois).

4. Soyez conscient de celui qui se montre à vous. Notez par écrit vos messages ou impressions. Faites-lui savoir pourquoi vous l'avez appelé et pensez à demander la permission d'utiliser son énergie pour vos sortilèges. S'il accepte, continuez le travail.
5. Remerciez le félin qui s'est montré pour son aide et dites-lui au revoir.
6. Ouvrez le cercle.

ASTUCE Les offrandes appropriées comprennent des petites quantités de viande crue (servies dehors), de l'eau lunaire (laissée au clair de lune pendant toute une phase, généralement la pleine lune, pour l'infuser d'énergie lunaire), de l'eau solaire (laissée au soleil pendant un certain temps pour qu'elle s'imprègne d'énergie solaire ; assurez-vous qu'elle ne soit pas trop chaude pour l'utiliser), et de l'herbe-aux-chats. Oui, les grands félins l'aiment aussi.

Lion

Récitez ce texte pour invoquer le pouvoir et les énergies du lion.
Allumez une bougie jaune ou dorée.
Énergies : Magie du soleil, énergies du Masculin divin, protection

Ne vous laissez pas leurrer
Par sa sieste au soleil
Sous son manteau doré
Et sa crinière indomptée
Un protecteur féroce
Attend allongé
Force et courage sans pareils
Gardien de la fierté
Il marche en confiance
Entendez le rugissement du lion
Qui s'approche.

Panthère noire

Récitez ce texte pour invoquer le pouvoir et les énergies de la panthère noire.
Allumez une bougie noire.
Énergies : Confiance en soi, magie de la lune, énergies du Féminin divin

Elle se déplace en silence dans la nuit
Invisible, masquée par l'obscurité
Parcourant la jungle furtivement
Présence détectable quand le moment est venu
Panthère noire, Féminin divin sacré
Et force sur laquelle on peut compter.

Jaguar

Récitez ce texte pour invoquer le pouvoir et les énergies du jaguar. Allumez une bougie noire et une dorée.

Énergies : Éveil/revendiquer son pouvoir intérieur, guidance, intuition

Féroce chasseur nocturne
Avec force et grâce, il frappe
Jaguar, gardien de l'inconnu
Des plans mystiques qui éveillent l'âme
Il voit au-delà du voile
Et nous montre notre vraie personnalité.

Léopard

Récitez ce texte pour invoquer le pouvoir et les énergies du léopard. Allumez une bougie noire et une marron clair.

Énergies : Confiance, divination, intuition

Elle arbore ses taches avec fierté
De sa vraie personnalité ne se cache jamais
Pouvoir puissant, libre et indompté
La chasseresse erre dans la nuit
Sur le sol ou dans un arbre
Changeant de perspective pour mieux voir
Elle attend patiemment
Tout en se dissimulant.

Puma

Récitez ce texte pour invoquer le pouvoir et les énergies du puma.
Allumez une bougie marron clair.
Énergies : Équilibre, adaptabilité, indépendance

Sur la corniche escarpée
Ses yeux dorés en éveil
Patiente dans les heures sacrées
Du crépuscule qui s'assombrit
La chasseresse attend
Primaire et féminine
Puissante et gracieuse
Sensuelle et féroce
Équilibre parfait
Du corps, de l'esprit et du mental
Le puma revendique ses droits.

Tigre

Récitez ce texte pour invoquer le pouvoir et les énergies du tigre.
Allumez une bougie orange et une noire.
Énergies : Force, stabilité émotionnelle, individualisme

Force ardente de volonté
Guerrier sauvage de la jungle
N'éveillez pas le tigre qui dort
Lumière et obscurité
Équilibre des ombres
Pouvoir et grâce.

Léopard des neiges

Récitez ce texte pour invoquer le pouvoir et les énergies du léopard des neiges.

Allumez une bougie blanche ou grise.

Énergies : Sagesse, connaissance, perception aiguë

Les vents tourbillonnent
Au sommet des hautes montagnes
Où la survie est la clé
Résilient et insaisissable
Léopard des neiges, gardien de la sagesse ancestrale
Guide vers les esprits sacrés.

Guépard

Récitez ce texte pour invoquer le pouvoir et les énergies du guépard.

Allumez une bougie jaune et une noire.

Énergies : Confiance en soi, action rapide, flexibilité

Chasseur de rêves à la vitesse de la lumière
Il est temps de bouger, pars maintenant
Traverse la savane
La puissante foulée du guépard
Ne manque aucune opportunité
Confiante dans ses décisions.

Un être métaphysique

L'énergie du chat n'est pas une chose que l'on peut décrire facilement. Il est « différent », magique et mystérieux. Il appartient aux plans métaphysique et astral, voire à des plans que les humains n'ont pas encore explorés.

Il y a une bonne raison pour que les sorcières et les autres magiciens aiment travailler avec les félins. Comme nous l'avons déjà vu, les chats ont une longue histoire illustre liée à l'occultisme et au monde métaphysique. Beaucoup pensent que les félins sont plus en phase avec les énergies, les entités et les auras que n'importe quel autre animal. Des milliers de personnes sur terre ont déjà vu leur chat se lever d'un coup et fixer le vide. Pourquoi ? Pour faire simple, ce sont des êtres qui peuvent percevoir les autres plans au-delà du voile.

EN PHASE AVEC LES ÉNERGIES

Même si les autres animaux ont la capacité de voir et de sentir les énergies, aucun ne peut se comparer au chat. Il est vrai que le chien et le chat ont des sens aigus de la vue, de l'ouïe et de l'odorat, mais ce sont les longues moustaches du félin qui lui donnent un avantage physiologique. Ses moustaches très sensibles repèrent les changements d'énergie et de schéma vibratoire. On pense que la vibration et l'énergie globale des félins eux-mêmes participent à leur capacité de voir la « différence. » Sorcières, chamans et magiciens savent que la vibration est importante. Les cristaux, les plantes et les animaux ont des fréquences différentes. C'est logique qu'un animal capable de sentir les vibrations, énergies et auras subtiles possède une fréquence plus en phase avec celles du plan métaphysique.

Prêtez une grande attention au comportement de vos chats, surtout à la maison ou dans votre espace personnel. Lorsqu'un chat semble fixer le vide intentionnellement, cela signifie d'habitude qu'une énergie ou une entité est présente à cet endroit. Les témoins disent que le chat perçoit d'abord l'entité, avant que la personne ne ressente une zone fraîche, qu'une lumière ne clignote ou qu'un objet ne bouge. S'il se met à cracher ou émet un grondement sourd, attention ! Il a ressenti une énergie négative, potentiellement agressive ou simplement inamicale et il vous prévient, ainsi que l'entité, de ne pas bouger.

Les portails sont un autre sujet important quand il s'agit de nos amis félins. Ce sont des passages menant vers d'autres plans, d'autres réalités ou d'autres dimensions. Ils peuvent s'ouvrir inconsciemment ou volontairement. Les chats sont extrêmement sensibles en ce qui concerne les portails et leurs énergies. Les chats, surtout les familiers, sont connus pour monter la garde afin de s'assurer que rien qui soit susceptible de nous faire du mal ne les traverse. Si vous remarquez que votre petit félin revient au même endroit de la maison et s'assied en regardant le mur ou le plafond, cela peut signifier qu'il y a un portail à cet endroit. Demandez-lui de vous aider à le fermer, puis faites brûler une plante qui nettoiera l'espace, comme de la sauge, du romarin ou du pin. Demandez un soutien si vous trouvez que ce portail est au-delà de vos capacités. Soit dit en passant, les plateaux de spiritisme ou planches Ouija sont connus pour ouvrir les portails. Certaines personnes ont vu des chats s'agiter fortement quand une planche Ouija était utilisée. D'autres ont rapporté que des chats s'asseyaient sur le plateau et frappaient la planchette, parfois en grognant ou en crachant. Si un chat s'agite de la sorte contre un plateau de spiritisme, arrêtez la séance et purifiez immédiatement la zone.

Les chats agissent non seulement comme gardiens et systèmes d'alarme pour l'activité spirituelle, mais ils participent également à purifier l'espace et leur humain. La fréquence de vibration des chats repousse et transmute naturellement les énergies négatives. Vous remarquez sans doute que votre chat patrouille, passant d'une pièce à l'autre. C'est sa manière de lire les énergies et de dissiper toutes les vibrations lourdes ou négatives du lieu. Son ronronnement est aussi un outil efficace quand il s'agit de purifier un espace. Si votre félin sent que vous en avez besoin, il s'assied sur vous et ronronne. La vibration provoquée par le ronronnement brise immédiatement toute

lourdeur dans votre champ énergétique. Si le chat se frotte contre des objets que vous venez de rapporter à la maison, comme votre sac à main ou votre porte-documents, il essaie sans doute de nettoyer les énergies qui s'y sont accumulées pendant votre sortie avant qu'elles ne contaminent la pièce. Quand il se frotte contre votre jambe, il partage son aura et absorbe les énergies négatives que vous transportez.

Bien que ce ne soit pas un problème fréquent, la présence d'un chat dans la maison peut protéger les résidents de tous les sortilèges ou les malédictions qui auraient pu y être placés. Il peut aussi arrêter les attaques psychiques destinées à faire du mal à ses humains. Le puissant champ énergétique du chat absorbe toutes les énergies négatives qui sont envoyées et les transmute. Entre ses nettoyages de vibrations négatives dans la maison, ses blocages de malédictions en chemin et son assistance pour purifier les auras, le chat dépense une grande quantité d'énergie. C'est la raison pour laquelle il dort beaucoup. Il utilise son temps de sieste pour transmuter les énergies absorbées et recharger ses batteries. Aidez votre chat en purifiant régulièrement votre maison et votre propre énergie.

LES CHATS ET LES PERSONNES SPIRITUELLES

De nombreuses personnes disent que les chats sont plus réservés que les chiens quand il s'agit de donner leur affection. Ils se montrent assez distants ou refusent d'interagir. C'est probablement parce qu'ils voient et sentent les auras. Ils choisissent sans doute de ne pas s'approcher quand elles sont encombrées. La seule exception à cette règle est la relation avec leur propriétaire. Les chats observent les auras ou champs énergétiques des occupants de la maison. Si l'aura de leur maître est affectée négativement, ils viennent apparemment chercher de l'attention, mais en réalité, ils tentent de l'aider à se débarrasser des énergies lourdes. Ils se couchent en rond sur ses genoux ou s'allongent sur sa poitrine pour nettoyer son aura, souvent par le ronronnement. Quand un chat voit ou sent quelque chose dans l'aura d'un inconnu qui représente un danger pour lui, il se cache. S'il crache après une personne, prenez note. Il est conscient qu'il se passe quelque chose le mettant mal à l'aise. C'est un avertissement, sans doute dû à une énergie que vous ne percevez pas vous-même. Ne forcez jamais votre chat à s'approcher d'une personne qu'il refuse de voir ; il y a une raison pour qu'il se méfie.

Puisque l'énergie, l'aura et la vibration globale du chat s'alignent sur le monde métaphysique, ce n'est pas surprenant qu'il soit naturellement attiré par les personnes spirituelles. Sorcières, chamans et autres magiciens possèdent également une fréquence qui les ouvre à des énergies et à des plans supérieurs. Êtes-vous déjà allé chez une personne dont le chat est venu spontanément vers vous ? Votre hôte vous aura dit que son petit compagnon n'aimait pas les inconnus, et pourtant il est venu se frotter contre votre jambe ou se coucher sur vos genoux. Il aime votre vibration. Les gens qui travaillent avec la magie et/ou pratiquent la spiritualité ont tendance à conserver leur champ énergétique plus pur et plus propre. C'est l'une des raisons pour lesquelles les chats sont attirés vers eux. Avec les personnes spirituelles, ils ont tout simplement moins de travail puisqu'ils ne doivent pas constamment nettoyer leur champ énergétique ni élever leur vibration. Ils peuvent se reposer, et c'est merveilleux pour eux. On pense que les chats « savent » qu'ils sont eux aussi des êtres magiques et qu'ils veulent partager cette magie avec nous.

Avec leur lien aux énergies et aux plans supérieurs, ce sont les seuls animaux, en dehors des familiers, qui ne perturbent pas un cercle magique. Ils sont naturellement attirés par cette énergie et curieux de ce qui se passe. Ils peuvent entrer et sortir du cercle à leur guise sans interrompre le champ énergétique. C'est parce qu'ils savent élever leur vibration pour s'adapter à la magie. Même si une séance complexe se déroule, avec des sortilèges ou des rituels de haut niveau, le chat s'y adapte, pouvoir contre pouvoir. Si vous voulez tester cela vous-même, projetez un cercle et notez bien où sont ses limites. Commencez un rituel facile et voyez combien de temps mettra votre chat pour venir s'y promener. Observez comment il traverse les limites du cercle pour entrer et sortir sans interrompre l'énergie. Cependant, la magie est un peu comme l'herbe aux chats, alors préparez-vous à récupérer un minou un peu groggy. Si vous avez un autre animal, un chien par exemple, vous pouvez tester la différence. Remarquez ce que vous ressentez quand il franchit la limite du cercle. Même s'il ne le brise pas, vous sentirez un changement d'énergie quand le chien entrera ou sortira du cercle.

Comme nous l'avons déjà vu, l'association des sorcières et des chats remonte à plusieurs siècles. Alors que leurs liens précédents avaient une connotation négative, les relations actuelles entre eux sont centrées sur des idéaux communs mystiques, métaphysiques et magiques. Avec des êtres dont les vibrations s'alignent sur les plans supérieurs, il est logique qu'ils s'attirent mutuellement. À cause de ces liens mutuels aux schémas de vibrations élevées, l'échange d'énergie

entre les chats et les sorcières est facile dans les deux sens. Leur relation est hautement symbiotique.

Rappelez-vous que les chats comme les sorcières sont associés à la nuit, un moment plein de mystère et de magie. L'« heure des sorcières » se situe entre minuit et trois heures du matin. Même si certains rituels se pratiquent à ce moment-là, la plupart des sorcières sont en plein sommeil. Leur chat, lui, est en éveil et à la chasse. La nature nocturne du félin s'aligne naturellement sur la Lune. L'énergie lunaire est féminine et correspond au Féminin divin. De nombreuses sorcières travaillent avec la Lune et l'énergie de la déesse, et le fait d'avoir un chat comme ami ou familier renforce leur relation à l'énergie lunaire, donc au Féminin divin. L'énergie lunaire s'associe aux émotions, à l'intuition, aux rêves, aux visions, illuminant ce qui doit être vu, libérant et purifiant.

Rituel pour se synchroniser sur les énergies lunaires

Voici un sortilège simple pour vous synchroniser sur les énergies de la Lune et sur la vibration lunaire de votre familier félin. Il est préférable de le pratiquer la nuit. Si possible, trouvez un endroit où la Lune sera visible.

VOUS AUREZ BESOIN :

- d'une petite bougie argentée
- d'un briquet ou d'allumettes
- de votre chat

PROCÉDURE :

1. Entrez dans votre espace sacré.
2. Posez la bougie argentée sur votre autel.
3. Projetez un cercle.
4. Amenez à votre esprit l'image d'une pleine lune brillante. Visualisez les rayons lunaires qui se déversent.
5. Allumez la bougie argentée et entonnez ce qui suit :

Déesse de la Lune
Féline baignée de lumière d'argent
À ton énergie je m'accorde
Donne-moi la vue
L'intuition, les visions et les rêves
Ensemble nous rôdons la nuit
Dans tes rayons magiques.

6. Tenez votre chat aussi longtemps qu'il l'acceptera et concentrez-vous sur la bougie argentée.
7. Laissez la bougie se consumer.
8. Remerciez la Lune, la déesse, le Féminin divin et votre chat pour leur présence et leur assistance.
9. Ouvrez le cercle.

Alors que le schéma vibratoire des félins est généralement féminin de nature, rappelez-vous qu'il existe une exception : le lion. Comme nous l'avons vu, les lions s'alignent sur l'énergie du Soleil et détiennent une énergie masculine. Cela crée un équilibre – yin et yang. Le Soleil et le lion entretiennent la joie, la créativité, le courage, la vitalité et le Masculin divin. Votre chat peut aussi puiser dans cette énergie léonine et faciliter votre synchronisation.

Rituel pour se synchroniser sur les énergies solaires

Le sortilège suivant, à pratiquer le jour, vous aidera à vous aligner sur l'énergie du Soleil et du lion. Si possible, trouvez un endroit où le Soleil éclaire fortement la pièce.

VOUS AUREZ BESOIN :

- d'une petite bougie dorée
- d'un briquet ou d'allumettes
- de votre chat

PROCÉDURE :

1. Entrez dans votre espace sacré.
2. Posez la bougie dorée sur votre autel.
3. Projetez un cercle.
4. Amenez à votre esprit l'image d'un jour d'été ensoleillé. Visualisez le Soleil qui brille très fort et sentez sa chaleur sur votre peau.
5. Demandez à votre chat de vous aider à exploiter l'énergie du lion et celle du Soleil. Remarquez les caractéristiques communes au chat et au lion. Ne vous tracassez pas si votre chat devient lion à ce moment-là. Il fait ce que vous avez demandé et intègre la vibration léonine.

6. Allumez la bougie argentée et entonnez ce qui suit :

Rayons du Soleil, chauds et brillants
Éclairez cette crinière dorée
Passion et courage, sans aucune peur
Créatif et vital, ne peut s'apprivoiser
Joie et bonheur il dispense
Flamme d'énergie du dieu solaire
Son puissant rugissement retentit.

7. Approchez vos mains de la bougie, de chaque côté, afin de sentir sa chaleur sans vous brûler.
8. Continuez de fixer la bougie dorée et sa flamme.
9. Quand vous sentez que l'énergie du Soleil/lion est présente, retirez vos mains et laissez la bougie se consumer.
10. Remerciez le Soleil, Dieu, le Masculin divin, le lion et votre chat pour leur présence et leur assistance.
11. Ouvrez le cercle.

Si vous avez déjà pratiqué l'un des deux sortilèges, vous devez avoir senti que votre chat agissait comme un canal énergétique. Pour un si petit animal, c'est une centrale électrique quand il s'agit de faire circuler l'énergie dans son corps. Quand il est dans le cercle avec vous, il peut servir de batterie, si l'on peut dire, pour vos œuvres magiques. Comme son énergie s'aligne sur celle des plans supérieurs, il y a un accès facile et la canalise vers le praticien ou dans le travail lui-même. Si le chat est votre familier, il le fera volontairement sans que vous demandiez sa permission. S'il est seulement votre compagnon, vous pourrez travailler avec lui de cette manière, mais en demandant sa permission avant de commencer. S'il choisit de vous l'accorder, il restera dans l'espace avec vous pendant la séance. Sinon, il partira.

Comme nous l'avons déjà vu, les chats gardent souvent les portails ouverts. Ils protègent ardemment leur maître et leur espace quand il s'agit d'énergies et d'entités négatives. Ils servent également de protecteurs quand leur sorcière est dans le cercle. Peut-être ne travaillez-vous pas avec votre félin à ce moment-là, mais il peut choisir de rester près de vous pour surveiller les niveaux d'énergie. Comme il voit aisément l'aura de la sorcière et l'énergie environnante, il aide à disperser tout ce qui pourrait éventuellement lui nuire ou l'accabler. Si vous remarquez qu'un chat parcourt la zone de travail dans le sens inverse des aiguilles d'une montre, comprenez qu'il s'affaire à briser les énergies qu'il trouve. Faites preuve de prudence s'il s'agite à ce moment-là. Il vous prévient peut-être que les choses ne sont pas normales.

Bien que nocturnes de nature, les chats viennent souvent se coucher près de nous quand nous dormons. Nous sommes plus vulnérables pendant nos heures de sommeil et ils en sont conscients. Ils choisissent de rester près de nous pour offrir leur protection. Certaines personnes sont sujettes au voyage astral quand elles dorment. Leur chat est là pour veiller sur leur corps physique et sur la corde les reliant à leur esprit occupé dans le plan astral. Les félins servent d'ancre à ce monde pendant que vous voyagez. C'est également vrai si vous pratiquez le voyage chamanique. Vous pouvez demander à votre chat de jouer les chronomètres pour vous ramener ou vous rappeler en douceur quand il sent que vous êtes parti trop longtemps. Un chat peut aussi sentir quand vous faites un cauchemar. Certaines personnes m'ont raconté que leur chat était apparu brusquement dans leur rêve et les avait réveillées. Le chat se promène dans le monde astral/onirique pour nous aider et nous ramener.

Toutes les propriétés métaphysiques, mystiques et magiques des félins font d'eux les familiers les plus puissants du monde animal. C'est aussi à cause de ces propriétés que les esprits familiers choisissent de prendre la forme d'un félin. Souvenez-vous qu'ils choisissent de travailler avec vous, mais qu'un chat qui choisit une sorcière n'est pas forcément son familier. Avoir un chat qui est aussi votre familier est un merveilleux cadeau. Beaucoup de sorcières disent qu'elles communiquent par télépathie avec eux. Le chat envoie des mots simples ou des images à la personne et vice versa. La capacité de communiquer de cette manière renforce leur lien. C'est également très utile dans le cas où le chat a besoin de vous faire savoir que quelque chose ne va pas.

Bien que tous les chats soient magiques et puissent apporter leur soutien, l'énergie magique rassemblée par le travail avec un familier n'a pas son égale. Apprendre à travailler avec les félins améliorera votre pratique d'une manière que vous n'auriez jamais crue possible. Laissez-les vous enseigner ; laissez-les vous guider. Ouvrez-vous à leur magie et, en retour, ils s'ouvriront à la vôtre.

Votre familier félin et vous

Quand vous avez la chance d'avoir un familier, c'est un véritable cadeau de l'Univers. Qu'un esprit familier choisisse de se réincarner pour continuer de travailler avec vous est quelque chose de miraculeux.

Si vous avez découvert que vous avez effectivement un familier félin, alors vous êtes vraiment béni. Cela n'enlève rien à ceux qui viennent sous d'autres formes, mais le lien avec un familier chat et la magie qui peut se pratiquer avec lui est une pure merveille car, une fois de plus, ce sont eux qui nous choisissent et non l'inverse.

Même si vous savez qu'un esprit familier vous a choisi, cela ne signifie pas qu'il soit déjà dans votre vie. Si vous l'attendez toujours, rappelez-vous que tout arrive au moment opportun. Cependant, voici un sortilège simple à pratiquer pour attirer votre familier.

Rituel pour appeler votre familier

Utilisez ce rituel pour attirer votre familier. Il sera très utile après avoir effectué le rituel pour révéler votre familier félin (*voir* page 48).

VOUS AUREZ BESOIN :

- d'une bougie chat ou d'une photo/figurine de chat sur votre autel
- d'un briquet ou d'allumettes (au besoin)
- d'un chronomètre (sur votre téléphone si vous le souhaitez)

ASTUCE Une bougie en forme de chat est recommandée pour ce travail. Sinon, une figurine ou une photo de chat conviendra. Elle ne doit pas être trop spécifique, car vous ne savez pas à quoi ressemblera le chat.

PROCÉDURE :

1. Entrez dans votre espace sacré.
2. Posez la bougie ou la figurine/photo sur votre autel.
3. Projetez un cercle.
4. Concentrez-vous sur l'énergie que vous avez ressentie en pratiquant le rituel de la page 48 pour révéler votre familier félin.
5. Allumez la bougie ou tenez la figurine/photo en entonnant trois fois :

À mon familier je veux me relier
Je t'appelle dans l'au-delà
Être d'esprit et de pouvoir
Viens à moi à l'heure juste
La forme féline que tu prendras
Apportera la magie dans ton sillage.
Ce que je veux, que cela soit (après la troisième fois).

6. Programmez le chronomètre sur neuf minutes et laissez la bougie se consumer, puis soufflez sur la flamme (ou continuez de tenir la photo/figurine).
7. Ouvrez le cercle.

Soyez attentif dès lors que vous avez appelé votre familier félin. Si vous avez une envie soudaine de visiter un refuge, allez-y. Vous tombez sur une annonce pour des chatons gratuits ? Appelez pour fixer un rendez-vous. Ne réfléchissez pas trop ; restez ouvert et ressentez. C'est la manière qu'a l'Univers de vous aider, ainsi que celle de votre familier félin pour vous rejoindre.

ÊTRE OUVERT AUX MESSAGES

Souvenez-vous que votre familier félin agira aussi comme messager et comme guide. Si vous pratiquez le sortilège pour l'attirer à vous et que vous rêviez soudain d'un chat dans un lieu spécifique, il est plus que probable que ce soit votre familier qui communique avec vous. Il vous envoie le message qui vous dit comment le trouver.

Une fois que vous avez enfin réussi à vous retrouver, vous pouvez immédiatement commencer à tisser des liens. L'une des manières est de lui parler. Rappelez-vous que cela lui fait savoir que vous êtes ouvert à la communication. Ne soyez pas surpris si, en prenant votre petite boule de poils, vous avez l'image d'une boîte de thon qui apparaît. Il teste la meilleure façon de vous contacter et de vous délivrer des messages. Ce seront parfois des images et parfois des mots qui vous viendront à l'esprit. Il pourra aussi vous mener directement vers quelque chose. Par exemple, vous ne trouvez pas l'encens à utiliser pour un rituel et vous vous demandez à voix haute où il peut bien être. Votre chat saute d'un bond sur l'étagère et gratte le fond. En tirant légèrement l'étagère, vous comprenez que la boîte d'encens était tombée derrière. Et voilà ! Votre familier vous a mené directement à ce que vous cherchiez.

Quand vous aurez créé ce lien avec votre familier félin, vous remarquerez que vous êtes soudain plus branché qu'avant sur le monde des esprits. Les messages arrivent plus clairement et plus fréquemment. Vos rêves sont plus éclatants et vous vous en souvenez mieux. Voilà ce que signifie l'accompagnement d'un familier chat : il facilite la communication entre vous et les plans spirituels supérieurs. Il sert d'intermédiaire. Rappelez-vous que les chats sont naturellement en phase avec ces énergies et, quand votre familier vient sous la forme d'un félin, cette harmonie est magnifiée.

Comment apprendre à écouter ses messages ? Pour faire simple, restez ouvert. Ne négligez pas ce qui arrive. La société nous conditionne à penser qu'il est pathologique d'entendre des voix et encore plus fou de les croire et de les suivre. Votre familier félin vous a choisi et c'est merveilleux. Laissez-le faire ce qu'il est venu vivre sous sa forme physique, et une partie de son but de vie est de vous délivrer des messages.

Pour commencer, tenez un journal de vos messages, impressions, images, etc. Notez la date et l'heure ainsi que le résultat ultérieur de chacun. Par exemple, vous embrassez votre chaton en partant et vous savez soudain qu'il ne faut pas prendre une certaine route pour aller au travail ce jour-là. Vous apprenez plus tard qu'un accident a eu lieu juste au moment où vous auriez dû passer. Ce message n'était peut-être qu'un simple avertissement à propos d'un embouteillage qui vous aurait retardé, ou quelque chose de plus important qui vous a évité d'être au mauvais moment au mauvais endroit. Plus vous prendrez de notes, plus vous arriverez à comprendre quels messages proviennent de votre familier et comment ils se rapportent à votre vie. Pour certains, c'est une étape vitale car cela confirme que ce qui se passe ne se tient pas uniquement dans leur imagination.

Les messages de votre félin ne sont pas toujours des alertes. Ils se rapportent parfois à des sortilèges ou à des rituels. Il peut y avoir des messages d'un ancêtre ou d'un autre guide avec qui vous devez entrer en contact. Votre familier chat peut aussi délivrer des messages d'autres entités, comme des fées, des esprits de la terre ou des élémentaux (esprits ou entités de la terre, de l'eau, du feu ou de l'air). Il peut aussi vous faire parvenir des messages de vos proches disparus.

Rappelez-vous que votre familier félin est là également pour vous servir de guide. Remarquez les messages qui vous montrent le chemin vers un sortilège particulier ou une plante spécifique à utiliser. Il vous guidera aussi sur votre voie. Si vous rencontrez une personne qui paraît spirituelle mais que votre chat n'aime pas, c'est probablement le signe qu'elle ne fait pas partie de votre chemin. Chaque sortilège que nous formulons, chaque rituel que nous pratiquons et toutes les intentions que nous posons en font partie. Si vous recevez des messages sur la manière de les gérer, prenez note, car c'est votre familier qui vous aide à vous aligner sur cette voie et sur le but de votre vie.

Si vous avez des problèmes pour entendre les messages ou si vous trouvez difficile de les recevoir en général, essayez ce petit rituel pour faciliter votre ouverture.

Rituel pour ouvrir le chakra couronne

Utilisez ce rituel pour ouvrir votre chakra couronne afin de vous aider à recevoir les messages.

VOUS AUREZ BESOIN :

- d'une bougie violette (la couleur violette s'aligne sur le chakra couronne)
- d'une huile de votre choix pour préparer la bougie
- d'armoise séchée
- de sauge séchée
- d'un briquet ou d'allumettes (au besoin)
- d'un chronomètre
- d'un crayon et d'un carnet/journal

PROCÉDURE :

1. Entrez dans votre espace sacré.
2. Frottez la bougie avec l'huile, puis roulez-la dans les herbes séchées.
3. Posez la bougie sur votre autel.
4. Projetez un cercle.
5. Allumez la bougie et entonnez trois fois ce qui suit :

Messages qui venez à moi
Aidez-moi pour que je voie
Délivrés par mon familier félin
Aidez-moi pour que j'entende
Du Divin, de l'Univers et de l'Esprit
Aidez-moi pour que je m'ouvre
Ce que je veux, que cela soit (après la troisième fois).

6. Programmez le chronomètre sur neuf minutes.
7. Fermez les yeux pour calmer votre mental.
8. Quand le chronomètre a terminé, écrivez tous les messages qui vous sont parvenus dans votre carnet ou journal.
9. Laissez la bougie se consumer.
10. Ouvrez le cercle.

ENSEIGNANTS

Il y a tant de leçons que nos amis félins nous apportent au fil du temps partagé avec eux ! Certaines sont plus terre à terre, mais néanmoins importantes.

Nos familiers félins nous enseignent les limites, comment les poser et les maintenir. Si un chat ne veut pas être touché, il vous le fait savoir. Si vous persistez à vouloir franchir ses limites, il attaque. Les chats nous apprennent que l'indépendance est importante, mais qu'il est bon aussi d'être bien soigné et de recevoir de l'amour. Votre chat vous montrera qu'il y a un temps pour jouer, un temps pour chasser et un temps pour se reposer, et qu'une bonne sieste ne fait jamais de mal !

Nos familiers nous apprennent à croire en nous, en notre pouvoir, en notre intuition et en nos capacités d'envoyer et de recevoir des messages. Ils nous apprennent à croire la magie qui nous entoure et celle qui vit en nous. Ils nous montrent que la magie est toujours présente et comment y accéder. Ils nous enseignent comment atteindre le vide pour matérialiser nos désirs et la vie que nous voulons. C'est de l'alchimie la plus pure dont ils nous font cadeau.

LE SOUTIEN D'UN ÊTRE MAGIQUE

Il est difficile d'imaginer qu'une boule de poils de quatre kilos soit notre plus grande alliée et notre meilleur soutien dans le monde magique. Un familier choisit sa sorcière et vient dans une forme physique avec l'agrément d'être là pour enseigner et guider, délivrer des messages, assister, protéger et prêter son pouvoir et sa magie. Souvenez-vous que, même s'il apparaît le plus souvent comme une petite créature toute douce et craquante, le félin qui vous a adopté abrite en réalité une entité spirituelle incroyablement puissante.

Comme nous l'avons vu au chapitre précédent, un familier peut et veut agir comme un canal énergétique pour sa sorcière. C'est particulièrement évident lorsque des travaux de magie entrent en jeu. Une fois que vous et votre familier aurez créé des liens, vous devriez pouvoir dire quand il apportera sa magie ou son énergie dans un sortilège.

À cause de l'intensité énergétique et des niveaux élevés de magie qui peuvent être obtenus en travaillant avec un familier félin, il est recommandé de toujours projeter un cercle autour de vous. Souvenez-vous qu'un chat peut entrer et sortir sans le perturber. Certains chats choisissent de s'asseoir en plein milieu tandis que d'autres restent en arrière comme de simples spectateurs. Ne vous y trompez pas, si votre chat est dans la pièce avec vous, il est intéressé par la magie. Si le félin est dans la pièce quand le cercle est projeté, vous pouvez le sentir lui ajouter une protection et des limites. Parfois, le chat physique ne voudra pas participer au rituel ou au sortilège, mais vous pouvez toujours appeler l'énergie de l'esprit familier dans le cercle. Ne craignez rien, cela ne fera aucun mal au chat d'aucune manière.

Rituel pour appeler l'énergie de votre familier dans le cercle

Utilisez ce rituel pour appeler l'énergie de votre familier dans le cercle et vous aider à améliorer votre travail. Ce sortilège peut changer l'avis de votre chat sur sa participation sans affecter son libre arbitre. Rappelez-vous que l'esprit familier réside dans le chat et que l'énergie de cet esprit peut être appelée séparément sans aucun dommage pour l'animal qui lui sert de véhicule. Cela fonctionne aussi pour les familiers qui n'ont pas d'existence matérielle.

PROCÉDURE :

1. Entrez dans votre espace sacré.
2. Projetez un cercle.
3. Entonnez ce qui suit :

Le cercle est projeté
J'appelle ton grand pouvoir
Dans les limites que j'ai posées
Pour travailler sans danger
Ami familier magique
Je te demande de me rejoindre maintenant
Ce que je veux, que cela soit.

4. Continuez avec le sortilège prévu.
5. Remerciez votre familier pour son assistance.
6. Ouvrez le cercle.

ASTUCE Les friandises pour chat comme l'herbe-aux-chats, le thon ou le saumon sont toujours de merveilleuses offrandes pour un familier félin qui a beaucoup travaillé.

GARDIEN ET TAMPON MAGIQUE

Plus vous travaillerez avec votre familier, plus cela deviendra confortable, et vous commencerez à remarquer ce qu'il fait sans y être invité. L'un des bénéfices du familier chat est qu'il agit comme un tampon pour la magie qui se met en place. Même avec un cercle de protection, vous avez généralement besoin de purifier et de nettoyer l'espace magique après une séance. Avec un familier félin, vous verrez que le besoin de nettoyer deviendra de moins en moins nécessaire. Il préserve automatiquement la circulation de l'énergie pendant le sortilège ou le rituel, et il participe ensuite au nettoyage, en s'assurant qu'il ne reste aucun résidu. Avec le temps, vous remarquerez peut-être que le besoin d'utiliser de la fumée purificatrice dans toute la maison décline aussi. Un familier félin vous aidera également à conserver la pureté de votre champ énergétique. Cela ne signifie pas que vous deviez oublier de le purifier vous-même, et votre familier félin appréciera de ne pas être le seul à participer.

Les chats prennent au sérieux la protection de leur territoire, et ils font un travail fantastique pour garder les entités et les esprits négatifs hors de leur maison. Le champ aurique d'un chat est naturellement repoussant pour les invités spirituels indésirables. Si l'un d'eux parvient à entrer malgré tout, votre familier vous le fera savoir et vous aidera à gérer le problème. Il vous guidera sur la marche à suivre et vous prêtera la magie et le pouvoir nécessaires. Il vous fera prendre conscience du moindre portail ou vortex qui demande votre attention, aidera à rediriger les énergies pour le traverser puis le fermer.

Puisque votre familier félin est un ardent protecteur, vous pouvez lui demander de l'aide pour sécuriser l'espace entourant la maison (système de défense magique). Il fournira son pouvoir et sa magie pour renforcer ce qui est déjà en place et vous montrera comment le rendre plus résistant. Remarquez que votre félin fait souvent des rondes autour de la maison. C'est sa manière de sécuriser les environs. Il infuse son trajet de pouvoir et de magie et vérifie s'il y a besoin de quelques ajustements. Si vous avez installé une grille de cristal pour protéger votre maison, il vous aidera aussi à la sceller de sa propre magie protectrice.

LIEN PSYCHIQUE

De fréquentes mises au point avec votre familier félin par rapport à l'énergie de la maison et des choses magiques en général vous aideront à renforcer le lien entre vous. Souvenez-vous que c'est par ce biais qu'il se connecte à vous pour délivrer des messages et prêter sa magie et son pouvoir. Plus votre lien sera fort, plus la communication entre vous deviendra facile et efficace.

Quand il est particulièrement solide, le lien entre un familier et sa sorcière crée une corde psychique qui peut s'étirer sur des kilomètres. Cela vous permet d'envoyer et de recevoir des messages à distance, et votre familier peut vous prêter son pouvoir et sa guidance au besoin.

Il existe des histoires sur ce lien psychique avertissant la sorcière ou donnant de l'aide à distance. Une amie m'a raconté l'histoire d'une sorcière qu'elle connaissait qui a soudain entendu son chat cracher (le chat étant à la maison) alors qu'elle rejoignait sa voiture à pied la nuit. Ses cheveux se sont dressés sur sa tête et elle a eu la certitude que quelqu'un ou quelque chose venait d'être chassé. Ce lien est important et se renforce au fil du temps en travaillant avec votre familier. Avec chaque message que vous interprétez correctement, avec chaque sortilège travaillé ensemble, et même par les câlineries du soir, votre lien grandit et gagne en puissance. Pour le faciliter et le renforcer, utilisez le rituel suivant.

Rituel pour renforcer le lien avec votre familier

Utilisez ce rituel pour renforcer le lien entre vous et votre familier.

VOUS AUREZ BESOIN :

- d'une bougie violette
- d'un briquet ou d'allumettes
- de votre familier félin dans la pièce avec vous

PROCÉDURE :

1. Entrez dans votre espace sacré.
2. Posez la bougie sur votre autel.
3. Projetez un cercle.
4. Allumez la bougie.
5. Tenez votre chat près de vous s'il l'accepte et entonnez trois fois ce qui suit :

Le lien entre sorcière et familier
Plus près et plus fort sont reliés
Messages et images partagés
Plus conscients nous devenons
À travers nos êtres il se tisse
Le lien psychique mis en place
Ce que je veux, que cela soit (après la troisième fois).

6. Laissez la bougie se consumer.
7. Ouvrez le cercle.

MON EXPÉRIENCE PERSONNELLE AVEC MON FAMILIER

Comme je l'ai précisé dans l'introduction, mon familier en est à sa quatrième incarnation auprès de moi. Quand ma chienne adorée a fait sa transition durant l'été 2017, j'étais anéantie. Elle était déjà mon familier. Plus tard, pour Samhain, son esprit est venu me dire qu'elle allait revenir. Elle m'a montré ses incarnations précédentes, l'une d'elles étant un petit chat plein d'entrain appelé P'tit Bout, et tout ce qu'elle était pour moi pendant ces vies avec une promesse de retour. Je sentais qu'elle allait revenir sous forme d'un chat.

J'ai consulté les sites d'adoption et je suis allée deux fois dans des animaleries locales, mais sans la trouver. Ce n'est qu'en octobre 2021, quand je suis allée au Texas (depuis le Colorado) chez des amis, que j'ai retrouvé mon familier. Mes amis tenaient un stand d'adoption devant leur brasserie pendant un festival de rue, et je les aidais à disposer les tentes et à installer les animaux. J'ai ouvert l'arrière de la camionnette, j'ai vu sa mignonne petite frimousse et je me suis écriée : « Oh ! Tu es là ! » Elle a tendu sa toute petite patte à travers les barreaux et l'amour fut instantané. À ce moment-là, je me suis demandé comment j'allais la ramener dans le Colorado. Mais il se trouvait que l'employé du refuge allait à Denver une fois par mois et qu'il était heureux de me l'apporter. La sorcière a donc retrouvé son familier en 2021, pour Samhain.

J'ai appelé ma chatte Artémis comme la déesse grecque de la chasse, et elle ne me laisse pas oublier qu'il faut la vénérer. J'ai senti son pouvoir en tant qu'esprit familier dès le premier jour. Même sous forme de chaton, sa magie me stupéfiait. Elle me protège quand je dors, souvent en se couchant sur moi pour me garder ancrée afin d'éviter tout voyage astral.

J'ai senti son énergie m'entourer quand j'étais sollicitée par trois esprits différents qui avaient besoin de passer de l'autre côté, même si nous n'étions pas ensemble à ce moment-là. Artémis s'assied près de moi pour chaque rituel et chaque sortilège, me prêtant son énergie et s'amusant de la magie dans l'air. Elle communie avec mes guides animaux et elle m'a même transmis des messages de l'Esprit. Elle vérifie régulièrement les alentours de la maison pour s'assurer que nous soyons protégées de toute attaque magique ou spirituelle. Elle m'envoie des images pour communiquer, mais elle place aussi des mots directement dans mon cerveau. Je n'ai aucun doute sur ses capacités magiques. L'adorable petite boule de poils qui héberge un être surnaturel puissant a totalement conquis mon cœur.

Le pouvoir de la magie féline

Tous les chats sont magiques, et pas uniquement ceux qui hébergent un esprit familier. Ils sont déguisés en petites boules de poils, mais en réalité, ils ont des super pouvoirs spectaculaires.

Même sous forme de chatons, ces magnifiques créatures détiennent un pouvoir phénoménal. Si vous avez pratiqué les sortilèges de ce livre, vous commencez à le sentir, si vous ne le saviez pas déjà. Alors que l'énergie et le lien avec un compagnon félin sont différents de ceux d'un guide et d'un familier, rappelez-vous que votre chat « moldu » ne l'est pas du tout. Il possède toujours sa propre magie. Elle se trouve partout sur lui, même dans les éléments détachables, comme son pelage, ses griffes ou ses moustaches.

Si vous avez la chance de trouver ces petits souvenirs de votre chat, assurez-vous de les garder, car ils possèdent une magie puissante. Eh oui, on peut aussi utiliser son pelage. Et bien que les rognures de griffes puissent servir également, ne coupez ni n'arrachez JAMAIS les moustaches d'un chat !

COULEURS DE PELAGE DES CHATS

En tant que sorcières, nous savons que tout est énergie et que les énergies sont différentes et varient selon l'objet. Le quartz transparent possède des énergies différentes de celles du quartz rose, et pourtant ce sont deux types de cristaux de quartz. Comme nous l'avons vu, nous utilisons des bougies de couleurs variées dans le travail de sortilège, parce que chaque couleur s'aligne sur une énergie spécifique. C'est la même chose pour les chats. Nous avons appris que les grands félins possédaient des énergies et des vibrations différentes. Les chats domestiques de couleurs et de races variées ont aussi des schémas vibratoires distincts. Voici une liste des pouvoirs énergétiques détenus par les chats domestiques selon leur couleur.

Chats noirs : La couleur noire correspond d'habitude à la protection, à la nuit, à l'occulte, à la magie. Les chats noirs sont excellents pour protéger et éloigner les entités et les énergies négatives. Ils sont connus pour être des « chats de sorcière ». Ce sont des centrales électriques quand il s'agit de prêter leur énergie en tant que familiers. À cause de leur pelage noir, ils sont très doués pour se fondre dans l'obscurité. Utilisez leurs poils dans vos sortilèges pour vous camoufler et changer de forme.

Chats rouges/orange/jaunes : Ces couleurs représentent la vitalité et correspondent à l'énergie du Soleil et de Mars. Quel que soit le sexe du chat, il diffuse une énergie plus masculine parce que ses couleurs s'alignent sur le Masculin divin. Son pelage peut s'utiliser pour des travaux de magie solaire et pour des sortilèges demandant action, concentration et réussite.

Chats gris bleu : Le gris est une variante de l'argent et correspond par conséquent au Féminin divin et à l'énergie de la déesse. Comme cette couleur est un mélange, le chat détient une énergie d'équilibre. C'est aussi une couleur sombre qui représente l'entre-deux. Utilisez son pelage dans un travail sur l'équilibre, les ombres et le voyage dans les espaces liminaux.

Chats blancs : Le blanc est la couleur de la guérison, et un félin de cette couleur y excelle. Il représente aussi la pureté. Le blanc s'aligne sur les énergies lunaires. Le chat blanc symbolise depuis longtemps l'illumination spirituelle et la renaissance. Utilisez son pelage pour les sortilèges de guérison ou pour les charmes. Il peut aussi s'utiliser pour obtenir l'accès à vos annales akashiques afin d'améliorer votre croissance spirituelle.

Chats marron : La couleur marron chez les chats est plus rare que les autres teintes. Le marron représente l'énergie de la Terre. Utilisez le pelage d'un chat marron pour les sortilèges nécessitant une énergie qui calme et enracine. Des poils peuvent aussi se garder dans un médaillon pour vous aider à rester calme et ancré.

Chats siamois : Ces chats sont considérés comme « royaux » par beaucoup de personnes. Ils représentent le luxe (fortune et prospérité), le pouvoir et le commandement avisé. Utilisez leur pelage pour des sortilèges concernant l'argent ainsi que pour vous guider si vous vous retrouvez dans un rôle de dirigeant.

Chats persans : Comme les siamois, les persans représentent la richesse et la prospérité. Ils détiennent aussi une énergie de confort, de chance et de bonne fortune. Ils sont renommés pour être des chats d'hommes affaires pour cette raison. Leur pelage peut s'utiliser pour les sortilèges concernant l'argent et la chance, ainsi que pour la bonne fortune en affaires.

Chats tricolores : L'association traditionnelle du blanc, du rouge et du noir représente les trois aspects de la déesse : vierge (blanc pour la pureté), mère (rouge pour le sang) et vieille (noir pour la sagesse et la magie). Ces chats détiennent l'énergie de ces trois couleurs. Ils sont connus pour leur puissance et leur grande intuition. Ce sont d'excellents messagers de la déesse. Utilisez leur pelage quand vous essayez de vous connecter à votre propre déesse intérieure ou pour équilibrer le Féminin divin en vous.

Chats bicolores : Ce type de chat représente l'équilibre et il détient à la fois les énergies du chat blanc et du chat noir. Ces chats portent en eux un peu d'espièglerie et nous pressent de conserver l'équilibre entre travail et loisirs dans nos vies. Utilisez leur pelage pour soigner, pour les sortilèges concernant l'équilibre et pour aider à promouvoir un état d'esprit sain et positif sur les congés et les loisirs.

Chats écaille de tortue : Comme ce mélange de couleurs est (presque) toujours porté par les femelles, les écailles de tortue concernent exclusivement la magie féminine. Elles sont hautement clairvoyantes et protectrices des enfants. Utilisez leur pelage pour obtenir force et guidance et vous connecter au Féminin divin en vous, à votre pouvoir féminin et à votre santé de femme en général. Leur pelage peut vous aider si vous avez besoin d'indépendance, surtout dans les relations toxiques. Ces poils peuvent aussi s'utiliser dans un travail de soin pour les problèmes féminins comme ceux du cycle menstruel. Ils sont également très utile pour les charmes protecteurs des enfants.

Chats tigrés : Ces chats ont tendance à être sociables et téméraires. Les peuples indigènes croient que les chats tigrés sont les gardiens des secrets de l'Univers et qu'ils détiennent une grande sagesse. Ils portent aussi une énergie de changement et de transformation. Utilisez leur pelage pour travailler à « sortir de votre coquille », pour avoir la force d'affronter les situations sociales ou de prendre des risques. Il peut s'utiliser aussi pour des travaux nécessitant connaissances et sagesse. Si vous résistez au changement, utilisez-le pour vous aider afin que la transition s'opère plus facilement[11].

Rituel pour créer un talisman de poils

Un talisman est un objet imprégné de magie par un travail de rituel ou de sortilège qui garantit la protection contre l'agression et qui peut repousser les forces négatives ou diaboliques. Il est également porteur de chance.

Pour créer un talisman, vous devez d'abord décider de son objectif. Une fois que vous le connaissez, récupérez le pelage nécessaire. N'ayez pas peur de demander à vos amis ou à votre famille de vous garder celui de leur chat. Si aucun ne correspond aux couleurs dont vous avez besoin, vous devriez pouvoir en trouver en ligne. L'étape suivante consiste à choisir le récipient que vous aimeriez utiliser pour votre talisman. Beaucoup de personnes préfèrent des médaillons pour les porter en public sans soulever de questions. Des petites fioles de verre avec bouchon sont également un bon choix.

VOUS AUREZ BESOIN :

- d'un récipient de votre choix (médaillon ou petite fiole de verre avec bouchon)
- d'encens
- d'un briquet ou d'allumettes
- de poils de chat d'une couleur qui s'aligne sur l'objectif du talisman
- d'une bougie, si vous utilisez la fiole de verre, de la couleur correspondant au sortilège prévu

PROCÉDURE :

1. Purifiez le récipient de votre choix avec de la fumée d'encens en promenant la fiole dans la fumée et en insérant la fin du bâton dans la fiole un moment. Prenez vos précautions pour travailler avec la fumée d'encens.
2. Posez le récipient et les poils de chat sur votre autel ou dans votre espace sacré.
3. Projetez un cercle.
4. Prenez le récipient et entonnez ce qui suit :

Ce [nom du récipient : fiole, médaillon ou autre] *sera pour moi*
Dépositaire de cette énergie.

5. Déposez les poils de chat dans le récipient en entonnant ce qui suit :

Le pelage du [type de chat] *que je dépose ici*
Pour [nommez le travail : guérir, protéger, attirer la chance, etc.]
Un talisman je crée
Qui me viendra en aide
Ce que je veux, que cela soit.

6. Si vous utilisez une fiole de verre, scellez le bouchon avec de la cire de bougie. Il est recommandé de choisir la couleur correspondante : noire pour la protection, blanche pour la guérison, etc. (*Voir* page 142 pour de plus amples informations sur les couleurs de bougies magiques.) Ouvrez le cercle.

ASTUCE Utilisez le talisman pour son objectif, que ce soit en le portant, en le plaçant dans votre voiture ou en l'offrant à quelqu'un.

GRIFFES DE CHAT

Quand elles poussent, les griffes perdent leur gaine extérieure. C'est parfaitement naturel et cela signifie qu'elles sont saines. Vous pouvez récupérer les gaines pour vos travaux de magie. La première chose à remarquer à propos des griffes de chat est qu'elles servent à se défendre. Les gaines des griffes sont parfaites pour les sortilèges de protection. On peut les ajouter à des bocaux, des sachets ou des médaillons servant d'amulettes ou de talismans. Vous pouvez les moudre pour les mélanger à des herbes protectrices ou simplement les disperser autour de votre maison.

Si une sorcière a besoin de lutter et de se battre, par exemple pour briser des sorts ou des malédictions, les griffes sont un choix idéal, car un chat les utilise toujours pour attaquer si nécessaire. Faites-les participer à tous vos travaux destinés à rompre efficacement les liens d'un mauvais sort ou d'une malédiction. Au moment de la pleine lune ou en lune décroissante, les griffes de chat associées à des herbes purifiantes donneront un grand coup de main aux sortilèges ou aux rituels pour éliminer ce qui ne vous sert plus.

Un félin utilise aussi ses griffes pour se donner une meilleure traction, surtout quand il démarre brusquement et prend de la vitesse pour une chasse. Utilisez-les pour vous donner un départ fulgurant, pour assister une traction ou gagner de la vitesse. Vous avez des difficultés à vous habituer à votre nouveau plan de travail ? Peut-être qu'un petit sortilège aux griffes de chat vous donnera cette « poussée » dont vous avez besoin tout en vous aidant à garder le rythme une fois que vous serez en route.

Rituel pour créer un bocal à sortilège de protection

Utilisez ce bocal pour créer un sortilège de protection portatif. Il peut être posé sur l'autel ou transporté au besoin, par exemple en voiture ou au travail.

VOUS AUREZ BESOIN :

- d'une bougie noire
- d'un briquet ou d'allumettes
- d'un crayon et d'une feuille
- de 2 ou 3 griffes de chat
- d'une obsidienne noire
- de quartz fumé
- de sauge séchée
- de romarin séché
- d'un petit bocal purifié avec couvercle, ou d'une fiole de verre avec bouchon

PROCÉDURE :

1. Entrez dans votre espace sacré.
2. Projetez un cercle.
3. Allumez la bougie noire.
4. Écrivez exactement l'objectif de la protection souhaitée.
5. Disposez les griffes de chat, les cristaux et les herbes dans le bocal et psalmodiez ce qui suit :

   De mon gardien
   Des griffes pour défendre
   Protéger et sécuriser
   Herbes et pierres pour assister
   La cire pour sceller le sort en place
   [Dispersez la cire noire de la bougie pour sceller le bouchon.]
   Que cela soit !

6. Ouvrez le cercle.

DENTS DE CHAT

Un peu comme les griffes, les dents peuvent s'utiliser pour la protection et la magie défensive. Les dents de chaton sont excellentes pour les charmes de protection des enfants. On utilise depuis longtemps les dents des animaux dans des sortilèges ou des sacs de charmes pour calmer les douleurs dentaires. Bien sûr, cela ne remplace pas une visite chez le dentiste. La fonction des dents, surtout des canines pointues, consiste à déchirer. Cette fonction vous servira à merveille si vous l'utilisez dans des sortilèges destinés à « mordre dedans », c'est-à-dire à ouvrir réellement quelque chose pour trouver ce qui est caché. Comme les dents sont des os, les sorcières qui « jettent ou lisent les os » peuvent choisir d'en inclure dans leurs sacs à divination.

MOUSTACHES DE CHAT

Les moustaches des chats sont extrêmement sensibles. Elles les aident à trouver leur chemin et leur donnent des informations sur les obstacles et les espaces restreints, en récoltant les vibrations subtiles. Les sorcières peuvent les utiliser pour « voir dans le noir ». Elles nous montrent comment ajuster les choses et contourner les obstacles. Dans les sortilèges de divination, les moustaches de chat fournissent une grande accélération. Elles augmentent votre sensibilité aux énergies et aux vibrations et améliorent votre conscience. Elles peuvent aussi s'utiliser pour des sortilèges de localisation, par exemple pour retrouver des objets égarés.

En tant qu'êtres de vibration élevée, les chats – surtout les familiers – voyagent souvent dans le plan astral. Comme leurs moustaches les aident à trouver leur chemin et à garantir un certain niveau de protection et de sécurité, c'est fantastique d'en avoir sous la main si vous avez l'intention de faire un voyage astral.

Les moustaches de chat sont connues également pour repousser les cauchemars. Placez-en dans un sac à charme avec un brin de lavande, de la camomille, une améthyste et une sélénite pour dormir paisiblement et éloigner les mauvais rêves.

Dans de nombreuses cultures, les moustaches sont connues pour faire de bons talismans de chance. Comme lorsque l'on fait un vœu sur un cil pour matérialiser quelque chose, les moustaches de chat sont puissantes en ce qui concerne la magie de concrétisation. Selon la tradition de sorcellerie, il faut murmurer votre vœu à la moustache, puis la brûler à la flamme d'une bougie dorée. Les moustaches de chat peuvent servir de talismans efficaces pour sortir d'une malédiction et prévenir les accidents, alors conservez-en toujours dans votre voiture.

Isis, la déesse égyptienne de la magie, adorait les chats et les considérait comme des médiums pour son pouvoir personnel. À cause de cela, les moustaches de chat sont considérées comme de puissants catalyseurs pour les travaux magiques. Elles ajoutent du pouvoir à tous les sortilèges. Elles facilitent aussi l'agilité, l'équilibre et le respect des coutumes.

Rituel pour créer un sac à charmes pour voyage astral

Si vous prévoyez de voyager dans le plan astral ou craignez de le faire en dormant, ce sachet est un outil de protection efficace.

VOUS AUREZ BESOIN :

- d'armoise séchée
- de valériane séchée
- de romarin séché
- de lavande séchée
- d'une sélénite
- d'une améthyste
- de moustaches de chat
- d'un petit sac en fibres naturelles avec lien de fermeture

PROCÉDURE :

1. Mettez les herbes séchées, les cristaux et les moustaches de chat dans le sachet, tenez-le sur votre chakra couronne et entonnez ce qui suit :

   Dans l'astral je veux aller
   Emmenez-moi sans problème
   Les moustaches guident et protègent
   Au retour je ne me perdrai pas.

2. Placez le sachet sous votre oreiller la nuit où vous souhaitez voyager dans le plan astral ou si vous craignez de le faire en dormant.

ASTUCE Poils, griffes, dents et moustaches sont aussi des offrandes idéales pour les déités comme Bastet, Sekhmet, Freya et Artémis.

LA MAGIE DE MÉDITER AVEC DES CHATS

Ceux qui pratiquent la méditation savent le bien que cela peut faire, depuis la réduction du stress et de l'anxiété jusqu'à l'amélioration de la mémoire et de l'humeur. Quand nous invitons nos chats dans la pratique, nous trouvons des avantages uniques à leur présence près de nous. Pour les débutants, ils ont immédiatement un effet apaisant. De nombreuses personnes disent qu'elles sont alors capables de calmer leur mental et d'atteindre le stade alpha plus rapidement. Remarquez que la couleur du chat compte aussi pendant la méditation, mettant en avant ses caractéristiques afin que vous receviez les messages alignés sur elles.

C'est pendant la méditation que nous sommes souvent plus ouverts à recevoir des messages. Votre familier sera près de vous, s'assurant que les messages dont vous avez besoin arrivent et que vous puissiez les recevoir de manière compréhensible. Ne soyez pas surpris qu'une méditation avec un chat finisse en voyage soit dans une vie antérieure, soit dans un autre plan. Votre chat vous emmènera où vous avez besoin d'aller et vous ramènera en sécurité.

SORTILÈGES INCLUANT VOTRE FAMILIER ET SA MAGIE

Pour les sortilèges suivants, il est conseillé d'avoir votre familier avec vous dans la pièce et, si possible, dans votre cercle magique. S'il n'est pas encore arrivé sous forme physique, rappelez-vous que vous pouvez utiliser le sortilège qui l'invite à vous rejoindre. Vous pouvez aussi appeler un grand félin.

Chaque sortilège a besoin d'une bougie de la couleur correspondante. Projetez un cercle de protection avant tout travail et appelez votre familier ensuite. La bougie doit être posée sur un autel ou dans votre espace sacré et allumée avant de psalmodier le sortilège. Chacun d'eux doit être psalmodié au moins trois fois, sauf si vous sentez un besoin de changer la règle ou si votre familier conseille autre chose. Pensez à fermer le cercle et à remercier votre familier pour son assistance. Rappelez-vous également qu'il apprécie les offrandes de friandises, d'herbe aux chats et, bien sûr, de saumon ou de thon.

Sortilège de protection

Pratiquez ce sortilège quand vous cherchez ou avez besoin d'un surplus de protection. Utilisez une bougie noire.

Familier, gardien, prête-moi ton pouvoir
Pour la protection nécessaire
Nos défenses élèveront
Autour de nous une barrière stable
En sécurité avec mon félin protecteur
Jusqu'à n'en avoir plus besoin
Ce que je veux, que cela soit.

Sortilège pour s'ancrer lors d'un voyage astral

Utilisez ce sortilège pour vous ancrer dans le plan physique pendant que vous voyagez dans le plan astral. Utilisez une bougie violette.

D'une ancre j'ai besoin
Familier félin reste avec moi
Protège-moi pendant mon voyage
Et ramène mon esprit de l'astral
Que cela soit.

Sortilège pour bannir les énergies/entités négatives

Pratiquez ce sortilège pour repousser toute énergie ou entité négative proche de vous ou de votre maison. Brûlez de la sauge séchée, du romarin, du pin ou du genièvre dans un récipient ignifugé juste avant d'entonner le sortilège. Ces herbes sont toutes purificatrices et protectrices, elles donneront un grand coup de pouce à votre sortilège et elles vous aideront à évacuer les énergies négatives. Utilisez une bougie noire.

Comme ces herbes brûlent et fument
Le pouvoir de mon familier j'invoque
Gardien félin je t'appelle maintenant
Entités sombres et énergies lourdes
Esprits négatifs et hôtes indésirables
Nous vous bannissons sans conteste
Ce que je veux, que cela soit.

Sortilège pour faire traverser une âme perdue/piégée

Pratiquez ce sortilège quand une âme a besoin de passer de l'autre côté. Utilisez une bougie blanche.

Perdue ou piégée, âme sur la Terre
Le moment est venu de t'en aller
Ce qui te retient ici s'atténue
Comme l'esprit familier garde le portail de l'ouest
Traverse maintenant avec facilité
Et trouve finalement la paix
Que cela soit.

Sortilège pour voir l'énergie ou les auras

Pratiquez ce sortilège si vous voulez ou avez besoin de voir différentes énergies ou auras. Utilisez une bougie bleu nuit ou indigo.

Familier félin prête-moi tes yeux
Pour voir au-delà des apparences
Donne-moi s'il te plaît la seconde vue
Afin que je puisse voir vraiment
La véritable vision est trouvée
Les énergies et auras abondent
Que cela soit.

ASTUCE Pensez à annuler ce sortilège pour ne pas continuer à tout voir constamment. Cela peut devenir plutôt accablant. Cette annulation vous ramènera à ce qui est normal pour vous, sans annihiler complètement votre vision magique. Voici le sortilège d'annulation :

Familier félin je te rends tes yeux
J'ai vu au-delà des apparences
La seconde vue m'est retirée
Maintenant seulement ce qu'il est normal de voir
Ce qui devait être vu est révélé
Par les énergies et les auras
Que cela soit.

Le travail avec votre familier est une expérience hautement gratifiante pour vous deux. Vous bénéficiez d'un pouvoir et d'une magie décuplés et le familier honore le serment de sa sorcière tout en étant en présence de la magie qui est un peu comme l'herbe aux chats pour lui. Vous avez l'amour et le soutien réciproques et c'est souvent la plus belle récompense.

Médecine féline

Les chats nous aident à guérir d'une manière qui peut être difficile à comprendre. La médecine qu'ils nous offrent arrive non seulement sous forme de soins physiques, mais aussi de sagesse et de connaissance.

Qu'est-ce que la médecine animale ? Dans sa forme la plus pure et la plus basique, c'est l'essence de chaque animal qui se met en avant avec des leçons et des soins pour ceux qui veulent entendre et apprendre. Cette « médecine » est ce que nous obtenons quand l'animal nous aide à soigner notre corps, notre mental et notre âme[12]. Ces enseignements sur la médecine animale nous ont été transmis par des générations de peuples indigènes du monde entier. Chaque culture indigène travaille avec les animaux qui peuplent sa région. Cela ne signifie pas que ces peuples ne puissent apprendre la médecine animale d'autres zones du globe. Comme cette médecine est puissante, il n'est pas étonnant que les sorcières, chamans, guérisseurs et autres magiciens cherchent à l'apprendre et à l'utiliser dans leurs pratiques.

Comme les anciens Égyptiens, les peuples indigènes et les chamans des Amériques nous disent que les félins doivent être vénérés, car ils détiennent une magie et une médecine puissantes. Ils nous enseignent l'autosuffisance et l'indépendance. Ce sont des gardiens de l'esprit et ils portent chance. Leur médecine porte en elle la capacité de garder l'équilibre et de trouver notre position. Elle apporte aussi le pouvoir d'entrer courageusement dans le rôle de notre vie. La médecine féline enseigne la curiosité, le mystère, l'espièglerie, la spontanéité, la concentration, la flexibilité et la dextérité, et elle abrite la capacité de traquer ce que nous voulons avec patience et minutie, et de croire en nos intuitions et instincts.

Les peuples Mojave et Zuni croyaient que l'esprit du chat sauvage avait des propriétés curatives et les aidait à la chasse. Les Pawnees vénèrent la médecine féline pour être associée à leurs ancêtres et aux étoiles. Le pelage d'un chat sauvage était utilisé comme accessoire de protection.

Dans la civilisation Inca, la médecine féline participe à identifier les énergies lourdes. Le félin est généralement l'esprit d'Otorongo, le jaguar sacré qui vient de l'autre côté du pont de l'arc-en-ciel et enseigne les manières du guerrier de lumière. Dans le dialecte Quechua parlé par les chamans péruviens, l'énergie lourde s'appelle « hucha ». L'esprit félin cherche la hucha et participe à la retirer du champ énergétique et à nettoyer les blocages. La médecine féline recherche aussi la cause de la hucha, comme les relations toxiques, les traumatismes d'enfance et de possibles empreintes de vies antérieures. Quand un chat s'enroule autour de votre corps énergétique, il vous aide à comprendre d'où cela vient et il vous guide dans la guérison[13]. L'un des plus grands mystères du félin est son pouvoir de transmutation. Il peut récupérer des énergies ainsi que des sentiments denses et lourds et s'en débarrasser complètement ou les transformer.

Les chamans croient que la médecine féline nous enseigne aussi le langage de l'amour. Les félins nous montrent ce que signifie établir et maintenir des frontières saines. Ils nous apprennent ce que sous-entend la discipline dans les relations. Ils nous aident à « déconstruire le conditionnement socioculturel de domination que nous transportons dans notre inconscient[14]. » Les chats nous aident aussi à repousser ces limites grâce à leur indépendance et à leur attitude de « je m'en fiche de ce que vous dites ou pensez ». Ils vivent au présent et apprécient la vie au lieu d'attendre qu'on leur dise quoi faire ou comment penser et agir. Les gens remarquent que même le chat le plus distant vient voir ce qui se passe dans les moments de grande joie, et reste à leurs côtés en cas de grande tristesse.

Sur son blog, la chamane et maître reiki Rose De Dan raconte comment sa chatte l'assiste dans sa pratique du reiki en aidant les clients à aller mieux ainsi qu'en les soignant elle-même, créant un pont entre humains et animaux dans le domaine du soin[15]. Voilà ce que fait la médecine animale. Elle comble le fossé entre les humains, les animaux et le monde de l'Esprit. Nous sommes souvent attirés par certains animaux parce que nous avons besoin de leur médecine et de leurs enseignements dans la vie.

ANIMAUX TOTEMS FÉLINS

Quand les chamans parlent d'appeler votre animal totem, c'est le point culminant de leur médecine. Ce sont les plus grandes leçons et la plus grande guérison qu'un animal puisse vous offrir. Un félin comme animal totem ne vous demandera rien, il vous dira. Il est de nature plus énergique que le messager ou le guide. S'il vient à vous comme animal totem, comprenez qu'un travail sérieux vous attend. Il va exiger d'être entendu, mais il va aussi vous guider dans ce qu'il est venu vous enseigner et vous apprendre à guérir.

Comme les félins sont si intrinsèquement connectés au monde de l'esprit, une partie de leur médecine en tant qu'animaux totems consiste à vous amener à accélérer sur tout ce qui tient de la magie et du mystère. Un animal totem félin entre en jeu quand vous avez oublié votre magie. Il vous montre pourquoi vous n'y croyez plus et vous aide à mieux la comprendre. Il vous rappellera que vous êtes la magie. Par exemple, l'animal totem tigre vous montrera comment vivre votre plus grand potentiel. La médecine du jaguar améliorera votre capacité à voir des schémas au sein du chaos.

Les animaux totems félins vous disent de regarder de plus près. Il y a des détails qui vous échappent ou qui vous manquent. Leur médecine préconise de « regarder avant de sauter ». Elle vous montrera comment creuser plus profondément, comment percer le voile de mystère afin de découvrir ce que vous avez besoin de savoir. L'animal totem panthère noire vous montre comment glisser à travers les ombres pour voir l'au-delà et augmenter vos capacités médiumniques. Cet animal totem est un allié acharné pour les mères qui ont besoin de quitter un environnement ou une relation toxique. La médecine féline transitant par un animal totem nous offre la capacité de lâcher prise de la codépendance afin d'exercer notre propre pouvoir. Elle nous donne le courage et la marche à suivre pour embrasser le changement et gagner notre indépendance.

MÉDECINE FÉLINE POUR LA CROISSANCE SPIRITUELLE

Notre croissance spirituelle durant chaque incarnation est ce qui nourrit et instruit notre âme. Nos familiers félins viennent dans nos vies pour nous aider à ce niveau-là. Nous pouvons également utiliser la médecine des autres félins pour un développement spirituel plus ciblé.

La première étape consiste à déterminer ce dont votre âme a besoin sur le moment. Cela peut se faire en demandant à votre compagnon, guide ou familier chat. Vous pouvez également invoquer l'énergie d'un grand félin et demander à celui qui se présente ce que vous devez examiner. Rappelez-vous qu'il y a une multitude de déités félines qui peuvent être invoquées pour un conseil, un savoir ou de l'aide.

Une fois que vous avez l'information voulue, vous pouvez pratiquer un rituel pour utiliser ce savoir et la médecine féline qui s'aligne sur lui.

Méditation pour chercher la croissance spirituelle

Quand vous entrez en méditation, il est important de pouvoir rester immobile et tranquille. Vous aurez besoin de trouver un lieu confortable qui vous le permette. Assurez-vous de n'avoir ni faim ni soif, ni envie d'aller aux toilettes. Fermer les yeux aide à détendre votre corps et à apaiser votre esprit. Calmez votre respiration (habituellement trois à six inspirations profondes suivies de lentes expirations) et videz votre mental. Si des pensées vagabondes se présentent, laissez-les simplement flotter et disparaître afin que les messages de votre être supérieur, de vos guides, familiers, anges, déités ou de l'Univers puissent vous atteindre. Utilisez la méditation suivante pour trouver ce dont votre âme a besoin pour sa croissance spirituelle.

VOUS AUREZ BESOIN :

- d'un endroit confortable pour méditer sans être dérangé
- d'une bougie violette
- d'un chaudron ou d'un plat ignifugé
- d'une cuillère à café d'armoise
- d'un briquet ou d'allumettes
- d'une cuillère d'alcool pour aider les herbes à brûler (l'eau-de-vie brûle plus proprement sans fumée ni odeur désagréable)
- d'un chronomètre
- d'un journal et d'un crayon

PROCÉDURE :

1. Placez la bougie, le chaudron et l'armoise sur votre autel ou dans votre espace sacré et prenez un siège.
2. Projetez un cercle.
3. Allumez la bougie violette.
4. Versez l'alcool dans le chaudron.
5. Saupoudrez d'armoise, allumez-la et laissez-la brûler. (Remarque : soyez prudent quand vous travaillez avec le feu, prenez les précautions nécessaires.)

6. Entonnez ce qui suit :

Médecine féline pour croissance spirituelle
Guide-moi et donne-moi ta parole
De me montrer ce dont j'ai besoin
Aide-moi à obtenir le savoir sans contrainte
Laisse-moi voir ce que cherche mon âme
Je promets d'écouter quand tu parleras.

7. Programmez le chronomètre sur quinze minutes.
8. Fermez les yeux et commencez la méditation.
9. Quand le chronomètre s'arrête, ancrez-vous et centrez-vous.
10. Notez les messages que vous avez reçus, notamment ceux qui concernent ce qui doit être fait pour la croissance de votre âme.
11. Ouvrez le cercle.

ASTUCE Assurez-vous que le feu soit bien éteint.

PRATIQUER DES RITUELS POUR LA CROISSANCE DE L'ÂME AVEC LA MÉDECINE FÉLINE

Une fois que vous savez ce qu'il vous faut travailler, vous pouvez décider de la manière de procéder. L'une de ces manières est de pratiquer un rituel. Comme la plupart des félins hébergent une énergie lunaire, il est souvent judicieux de travailler selon les phases de la Lune. La nouvelle lune est idéale pour poser des intentions. La lune croissante aide à réaliser les intentions posées en nouvelle lune. L'énergie de la pleine lune est fantastique pour libérer et nettoyer ce qui ne nous sert plus. Les phases de lune décroissante nous prêtent le pouvoir de bannir. Les jours de la semaine correspondent aussi aux différentes énergies (*voir* page 138). C'est ainsi que la médecine féline nous montre comment le timing peut affecter notre plan d'action.

Utilisez les connaissances que vous avez engrangées dans les chapitres précédents sur l'énergie des chats en général et en tant que guides, familiers, grands félins et animaux totems pour évaluer lequel sera le plus efficace pour vos rituels. Par exemple, si une partie de votre travail spirituel consiste à devenir un meilleur dirigeant et à augmenter vos compétences de communication, pratiquer la médecine du lion un mercredi (jour de Mercure pour la communication) devrait être très efficace. Si vous devez faire un travail approfondi sur les ombres concernant votre codépendance, invoquez la médecine de la panthère noire soit un samedi (pour bannir), soit un mardi (pour agir). La magie fait-elle partie de ce dont vous avez besoin pour croître en spiritualité ? Demandez à la médecine de votre familier ou de votre compagnon félin de vous aider un lundi à améliorer votre travail. Pour savoir quels outils magiques correspondent à vos rituels selon leur signification, consultez la page 138.

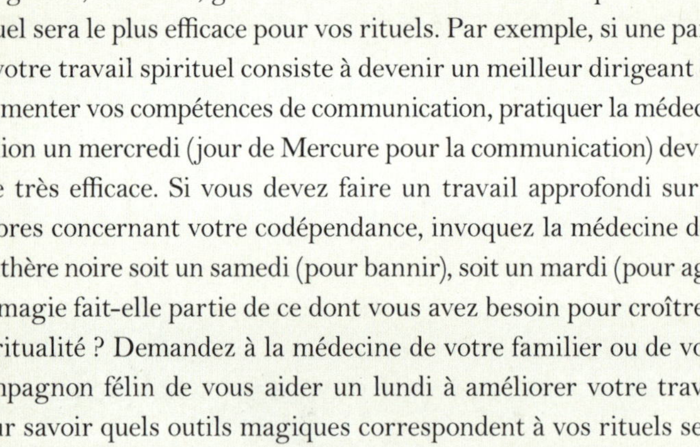

MÉDECINE FÉLINE POUR UNE GUÉRISON SPIRITUELLE ET ÉMOTIONNELLE

L'une des choses les plus courageuses que nous puissions faire est de nous attaquer à notre guérison spirituelle et émotionnelle. Nous avons souvent des problèmes spirituels ou énergétiques qui commencent à se manifester physiquement dans nos corps. Quand nous commençons à prendre le contrôle de notre bien-être spirituel et émotionnel, cela crée des répercussions dans nos corps et ensuite dans nos vies. Nous constatons les effets positifs de notre guérison personnelle dans notre habitation, nos relations et notre comportement en société.

Invoquer la médecine que le chat peut offrir pour guérir sera un allié puissant pour vous. Souvenez-vous qu'elle nous aide à :

- Balayer les énergies lourdes
- Poser et maintenir de saines frontières
- Équilibrer travail et loisirs
- Rester zen
- Chasser le doute et croire en nous, en nos intuitions et en nos instincts

Parfois il nous faut appeler la médecine féline, et parfois elle se montre à travers des guides et des messages. Restez ouvert à ce qui se présentera à vous.

Souvenez-vous que le travail de guérison peut être difficile, alors soyez doux avec vous-même. Prenez conscience de ce qui monte en vous dans les semaines à venir. Vous pouvez continuer à allumer une bougie chaque semaine et à entonner la psalmodie trois fois jusqu'à sentir que cela tient.

Si vous pratiquez un travail de soin pour quelqu'un d'autre, ce sortilège est facile à lui appliquer aussi.

Rituel pour soigner avec la médecine féline

Utilisez ce rituel qui invoque la médecine féline pour soigner.

VOUS AUREZ BESOIN :

- d'un endroit confortable pour méditer sans être dérangé
- d'une bougie blanche en forme de chat (ou d'une simple bougie blanche si vous n'en trouvez pas, car le blanc est la couleur de la guérison)
- d'un chaudron ou d'un plat ignifugé
- d'une ou deux feuilles de papier et d'un crayon
- d'un briquet ou d'allumettes

PROCÉDURE :

1. Trouvez un endroit confortable pour méditer sans être dérangé, comme votre espace sacré.
2. Posez la bougie blanche et le chaudron sur votre autel.
3. Projetez un cercle.
4. Écrivez sur une bande de papier ce qui a besoin d'être soigné (pas plus d'une ou deux choses à la fois pour ne pas être débordé).
5. Allumez votre bougie et entonnez ce qui suit :

Médecine féline je fais appel à toi
Nous avons ce travail à effectuer
L'énergie de guérison est ce qu'il me faut
Apporte-moi vite en douceur
Que ce soit l'esprit, le corps ou l'âme
La médecine féline pour le soigner
Ce que je veux, que cela soit (après
la troisième fois).

6. Lisez à haute voix ce qui est écrit sur le papier.
7. Enflammez le papier et jetez-le dans le chaudron.
8. Psalmodiez le texte deux nouvelles fois (pour un total de trois).

9. Si un chat particulier s'est montré à vous, remerciez-le pour son aide.
10. Assurez-vous que le papier brûle entièrement. Comme toujours, soyez prudent quand vous travaillez avec le feu.
11. Ouvrez le cercle.
12. Jetez les cendres du sortilège en dehors de votre propriété pour vous assurer que rien de ce qui vous tourmentait ne traîne dans votre espace.

ASTUCE Ne pénétrez pas dans une propriété privée pour jeter les restes de votre sortilège. La meilleure méthode consiste à enterrer les cendres car l'énergie de la Terre les absorbe et les transmute facilement. Si ce n'est pas possible, il est acceptable de les déposer dans un conteneur à déchets.

TRAVAIL RITUEL AVEC LA MÉDECINE FÉLINE DE GUÉRISON

Le sortilège de la page ci-contre peut aussi s'incorporer dans un travail rituel, en tenant compte encore une fois des phases de la Lune et des jours de la semaine. Comme les rituels ont tendance à prendre plus de temps qu'une rapide projection de cercle et une incantation, ce n'est pas une chose que vous faites à la légère. Ils représentent cependant une merveilleuse option pour approfondir les questions qui demandent un peu plus d'attention. C'est vrai pour les traumatismes et les problèmes liés à l'environnement familial ou au conditionnement sociétal.

L'invocation de la médecine féline dans votre travail de rituel est une affaire fantastique et très personnelle. Pour les rituels, vous pouvez appeler une des déités félines (*voir* le chapitre « Un être digne des dieux ») ainsi qu'un animal totem félin qui s'aligne sur le travail effectué (*voir* « Énergie des grands félins » pour retrouver leur liste). Cela offrira une puissante association de l'énergie et de la médecine félines.

Les liens lunaires de la majorité des félins peuvent faire apparaître des aspects émotionnels puissants lors des rituels. C'est normal. Cela signifie simplement qu'il y a un travail à effectuer et que la guérison commence à se mettre en place. Après tout, la première étape du traitement est de reconnaître qu'il y a un problème. La médecine féline vous permettra de ressentir ces émotions, d'apprendre d'où elles viennent et de les traiter de la manière la plus efficace. Attention néanmoins, car cette médecine n'est pas aussi douce qu'on aimerait qu'elle soit. Il faut parfois retirer le pansement pour examiner la plaie. Un rituel avec la médecine féline peut vous laisser le sentiment d'être mis à nu, mais elle ne vous abandonnera pas à vous-même. Son énergie restera avec vous aussi longtemps que vous en aurez besoin pour guérir.

LE POUVOIR GUÉRISSEUR DU CHAT DOMESTIQUE

Nos petites boules de poils ont plein de médecine à offrir elles aussi. Les chats sont de grands maîtres Zen. Ils vivent exclusivement au présent, mangent quand ils ont faim, dorment quand ils sont fatigués et jouent quand ils en ont envie.

Les chats savent quand les humains ont besoin d'eux. Combien de fois, après avoir passé une mauvaise journée au travail, arrivez-vous à la maison et votre chat s'enroule-t-il autour de vos jambes comme s'il était en manque de quelque chose ? Il sait reconnaître votre stress. Ce simple contact montre qu'il partage son champ aurique avec vous. Une fois assis, vous essayez de vous détendre et le chat grimpe sur votre poitrine et ronronne. Il partage alors la vibration qui libère le stress et vous soulage.

Le pouvoir du ronronnement

Selon un article du magazine *Scientific American*, les chats ne ronronnent pas uniquement quand ils sont heureux et satisfaits, mais aussi quand ils sont sous pression. Pourquoi ? Parce que, comme le savent les praticiens de sonothérapie, il existe une échelle de fréquences qui favorisent le bien-être et la guérison. Le ronronnement du chat se situe entre 25 et 150 hertz, une fréquence qui améliore la densité osseuse, la santé musculaire et tissulaire ainsi que la santé globale[16]. Cette fréquence est également connue pour réparer les fractures, améliorer les articulations et faciliter la guérison des blessures[17].

Si vous souffrez de dyspnée ou de faible volume respiratoire, le ronronnement d'un chat peut vous aider. Des études ont montré qu'un patient avec une bronchopneumopathie chronique obstructive bénéficiait d'avoir un chat ronronnant sur sa poitrine. Plus le chat accepte de rester et de ronronner, plus le patient est soulagé[18]. Les études montrent aussi que le ronronnement réduit le stress et la pression sanguine. Comme cette fréquence a la capacité de réparer les tissus et de réduire la tension, les adoptants en bonne santé risquent moins l'infarctus (40 % de moins) que les personnes vivant sans chat.

Soins félins contre l'anxiété

Le ronronnement du chat est un remède anti-anxiété naturel. Mais attendez, il y a plus. La simple action de caresser un chat libère de l'ocytocine, l'hormone du bien-être. Cette hormone réduit le stress et l'anxiété. Certaines personnes trouvent que leur rythme respiratoire change en présence d'un chat. Elles se synchronisent inconsciemment et accèdent à un état de cohérence méditative, ce qui porte en soi compassion, conscience, bienveillance et amour venant du cœur.

Nos amis félins sont extrêmement en phase avec les énergies telluriques, le flux de schémas vibratoires de la Terre. En cas de perturbations hautement concentrées, cela provoque un stress géopathique. Quand des humains vivent dans ces zones, ils commencent à manifester des symptômes physiques. Des études menées par des géobiologistes voici près d'un siècle montrent que le stress géopathique affecte notre capacité naturelle à recharger nos batteries et à nous soigner parce que cela entraîne des insomnies, de l'anxiété et une mauvaise santé. Chez les enfants, cela peut se manifester sous forme de somnambulisme et de problèmes récurrents d'énurésie[18].

Les chats agissent comme des tampons pour ces zones géographiques. Grâce à leur fréquence vibratoire et à leur capacité à transmuter les énergies lourdes, ils ne sont pas perturbés par le stress géopathique. En fait, ils recherchent ces endroits pour s'y prélasser, ce qui peut vous paraître bizarre. Si vous vivez dans l'une de ces zones (vous pouvez chercher ce qu'il en est), il est probable que votre chat se pose à dessein sur l'endroit le plus lourdement concentré pour transmuter l'énergie malsaine ou la briser totalement. Même quand nous n'en sommes pas conscients, nos chats veillent sur nous.

Outils magiques

Vous trouverez dans ce chapitre une information sur la magie des jours de la semaine, des phases de la Lune et du Soleil, des bougies et des couleurs correspondantes, ainsi que de certaines herbes et cristaux. Tous ces éléments peuvent s'utiliser en accompagnement du pouvoir de votre familier pour renforcer les sortilèges et mener vos travaux magiques au niveau supérieur. Par exemple, si vous pratiquez un samedi un sortilège de protection avec une bougie noire ornée de sauge et de romarin, la magie qui lui est associée est la plus puissante qui soit. Si vous voulez essayer un sortilège de communication avec votre familier, choisissez un mercredi avec une bougie bleue.

JOURS DE LA SEMAINE

Chaque jour de la semaine détient une énergie spécifique. Quand nous alignons nos travaux de magie sur le jour qui correspond à ce que nous voulons atteindre, cela renforce les intentions et le pouvoir du sortilège.

Dimanche, jour du Soleil : Masculin divin, succès, joie, bonheur, vitalité, créativité, confiance

Lundi, jour de la Lune : Rêves, subconscient, intuition, divination, boule de cristal, magie de l'eau, émotions, magie de la femme, questions domestiques

Mardi, jour de Mars : Action rapide, ambition, puissance sexuelle, passion, robustesse, affirmation de soi, victoire, protection

Mercredi, jour de Mercure : Communication, technologie, concentration et vivacité, apprentissage, écriture

Jeudi, jour de Jupiter : Chance, abondance et prospérité, richesse préservée et accrue, affaires

Vendredi, jour de Vénus : Féminin divin, amour, relations et amitiés, beauté, magie de prestige, paix et harmonie

Samedi, jour de Saturne : Protection, bannissement et engagement, communion avec les ancêtres et les esprits défunts, surmonter les obstacles

PHASES DE LA LUNE

En tant que sorcières, nous sommes tout à fait conscientes des énergies puissantes détenues par la Lune. Quand nous alignons nos sortilèges sur ses différentes phases, cela les renforce avec l'énergie de la phase choisie. Puisqu'une grande partie de l'énergie de nos familiers félins est naturellement synchronisée avec la Lune, ils facilitent aisément un travail approfondi pour nous.

Nouvelle lune : Poser des intentions, matérialiser, nouveaux commencements, travail de l'ombre

Premier croissant : Éduquer, amour de soi, compassion, courage, état d'esprit positif

Premier quartier : Attirer les choses à vous, comme un nouveau travail, un amour, le succès, l'argent, etc.

Lune gibbeuse croissante : Fertilité, endurance, percée dans les résistances

Pleine lune : Libération, lâcher-prise sur ce qui ne sert plus, nettoyage, protection

Lune gibbeuse décroissante : Bannissements mineurs, nettoyage

Dernier quartier : Retirer les obstacles, laisser couler facilement, briser les addictions

Dernier croissant : Bannissements majeurs, éliminer les relations et les situations toxiques

MINUTAGE SOLAIRE

Le Soleil détient ses propres énergies et nous pouvons utiliser un minutage spécifique selon les heures de la journée pour assister notre travail de rituels ou de sortilèges. Vous pouvez aussi vous connecter aux énergies félines solaires comme celles du lion ou de la déesse égyptienne Sekhmet pour faciliter l'action de la magie solaire dans vos travaux.

Aube/aurore : Nouveaux commencements, matérialisation, espoir, recharge énergétique

Matinée : Croissance, construction, relations, richesse

Midi : Protection, justice, santé, courage, succès

Après-midi : Clarté, résolution, communication d'affaires

Crépuscule : Conclusions, libération/lâcher-prise, bannissement, divination

MAGIE DES BOUGIES

Les bougies sont des outils de base pour ce qui concerne les rituels et les sortilèges. Les sorcières les utilisent sur leurs autels pour créer un espace sacré, projeter des cercles ou autre. L'utilisation de couleurs variées peut être un moyen efficace de renforcer le pouvoir du sortilège. Comme de nombreux autres objets en sorcellerie, les bougies détiennent leurs propres schémas vibratoires et les différentes couleurs s'alignent sur des besoins magiques spécifiques.

Quand vous travaillez avec des bougies, vous pouvez décider de les « habiller » pour augmenter la puissance de votre magie. Cela comprend l'utilisation d'herbes et d'huiles. D'ordinaire, on utilise une huile porteuse (associée à des huiles essentielles pour les diluer, comme le jojoba, l'amande douce ou l'huile d'olive) pour oindre la bougie. Il s'agit simplement de la frotter avec l'huile et de lui donner son objectif en affirmant les intentions de votre séance. La bougie ointe est ensuite roulée dans les herbes séchées qui correspondent au sortilège.

Blanche (peut s'utiliser à la place de toutes les autres couleurs) : Soins, spiritualité, paix, pureté

Noire : Protection, bannissement, serment, repousser les énergies négatives, magie (associée aux sorcières)

Marron : Énergie de la Terre (enracinement), animaux, stabilité, protection de la maison, famille

Rouge : Vitalité, passion, amour romantique, force, action rapide, courage, chakra racine

- **Rose** : Amour de soi, amitié, guérison émotionnelle, maternage
- **Jaune :** Joie, bonheur, succès, pouvoir, énergie solaire, chakra du plexus solaire
- **Orange :** Créativité, expression, aventure, positivité, chakra sacré
- **Verte :** Nature, guérison physique, argent (abondance et prospérité), croissance, chakra du cœur
- **Bleue :** Communication, inspiration, apaisement, chakras de la gorge (bleu roi) et du troisième œil (indigo)
- **Violette :** Capacités médiumniques, savoir caché, divination, projection astrale, chakra couronne
- **Argentée :** Féminin divin, intuition, rêves, énergies lunaires
- **Dorée :** Masculin divin, richesse, chance, bonheur, énergies solaires

HERBES MAGIQUES

Toutes les plantes possèdent leurs propriétés et leurs schémas vibratoires spécifiques. Certaines d'entre elles ont des énergies fortement magiques ainsi que des usages thérapeutiques. La liste des plantes magiques est presque sans fin, alors vous ne trouverez ici que les plus basiques.

Guérison : Angélique, achillée millefeuille, échinacée, mélisse, tanaisie, romarin, marrube

Protection : Sauge, romarin, pin, genévrier, cèdre, ail, rue, ortie, angélique

Communication : Sauge sclarée, romarin, feuille de laurier

Amour : Rose rouge (romantique) et rose (amitié et amour de soi), lavande, vanille, basilic, jasmin

Argent : Basilic, cannelle, feuille de laurier, menthe, genévrier, potentille, luzerne

Divination : Armoise, romarin, sauge sclarée, pissenlit, anis étoilé

Calme/sommeil : Lavande, camomille, mélisse, bergamote, millepertuis

Fertilité : Pin et épicéa (pour équilibrer masculin et féminin), cannelle, ortie, vanille, saule, pétales de rose rouge et orange (pour activer les chakras racine et sacré/les organes sexuels)

Joie et bonheur : Marjolaine, lavande, millepertuis, menthe, mélisse, pin

Féminin divin : Épicéa, saule, agripaume, jasmin, armoise, pomme

Masculin divin : Pin, tournesol, menthe, feuille de laurier, basilic, millepertuis, feuilles de chêne

AURAS

Les auras sont des champs d'énergie invisible qui entourent tout ce qui vit et qui font partie d'un système plus complexe appelé « corps d'énergie subtile ». L'aura humaine comprend sept couches, chacune étant connectée à notre santé globale. Les auras peuvent prendre différentes couleurs, chacune d'elles ayant sa signification propre. Voyez ci-dessous une liste succincte des couleurs principales et de leurs significations. Remarquez toutefois que les auras sont un sujet bien plus complexe du travail de magie ; cette liste est un simple guide pour débuter.

- **Rouge :** Bien enraciné, passionné, déterminé
- **Orange :** Aventureux, actif, prévenant
- **Jaune :** Positif, créatif, ouvert d'esprit
- **Vert :** Bienveillant, compatissant, communicatif
- **Bleu :** Intuitif, pacifique, spirituel
- **Indigo :** Sensible, curieux, savoir intérieur
- **Violet :** Inquisiteur, intelligent, connecté au monde de l'esprit

CORRESPONDANCES CRISTALLINES

Les cristaux sont de puissants alliés magiques. Ils renforcent nos énergies personnelles et celles des sortilèges. Ils protègent, aident à la guérison et facilitent la communication entre nos êtres supérieurs, l'Univers, les déités et nos guides. Nous pouvons les charger d'un objectif spécifique et les porter comme talismans ou les utiliser pour créer des grilles. En associant leurs énergies avec celles d'autres outils magiques comme les herbes ou les bougies, et avec celle que votre familier peut et veut vous prêter, vous pourrez renforcer davantage vos travaux.

Les cristaux peuvent s'utiliser avec des herbes et d'autres objets magiques pour une variété d'usages, comme la protection, un bon sommeil, soigner ou attirer la fortune. Vous pouvez également créer une grille de cristaux pour les mêmes objectifs. Les grilles utilisent le pouvoir de la géométrie sacrée pour diriger l'énergie des cristaux individuels qui vous servent pour un travail spécifique. Vous trouverez facilement en ligne des dispositions de grilles. Par exemple, si vous voulez créer une puissante grille protectrice, vous pouvez utiliser les cristaux de protection de la liste qui suit, avec un peu de sauge et de romarin. Ajoutez quelques griffes de chat pour augmenter l'effet. Vous pouvez aussi demander à votre familier d'infuser ses instincts naturels dans la grille.

Quand nous utilisons toutes nos connaissances magiques et incorporons des outils comme le timing magique (jours de la semaine, phases de la Lune ou du Soleil), les couleurs de bougies correspondantes, les herbes et les cristaux, cela demande moins d'énergie de notre part et de celle de notre familier pour mener à bien le sortilège. L'utilisation de cette sagesse pour vous assister fournit l'accélération nécessaire sans avoir à puiser dans vos précieuses réserves d'énergie, qui sont souvent sollicitées pour les magies plus élevées et plus complexes.

Guérison : Améthyste, quartz transparent, héliotrope, lépidolite, labradorite, agate, sugilite

Protection : Obsidienne noire, tourmaline noire, quartz fumé, labradorite, jais

Communication : Sodalite, pétalite, fluorite, agate bleue

Amour : Quartz rose, grenat, rubis, rhodochrosite, rhodonite

Argent : Jade, pyrite, verre aventuriné, émeraude, citrine, œil-de-tigre

Divination : Sélénite, pierre de lune, labradorite, pétalite, lapis-lazuli

Calme/sommeil : Améthyste, sélénite, pierre de lune, aigue-marine, héliotrope

Fertilité : Tourmaline rose, cornaline rouge/orange, pierre de lune, grenat, aventurine verte

Joie et bonheur : Citrine, aventurine, jaspe dalmatien, œil-de-tigre

Le bout de la queue

Il est difficile d'exprimer l'importance de l'existence réelle de l'énergie féline. Ces êtres magiques font tellement plus pour nous que nous ne l'imaginons ! Ils sont bien plus que nos petits compagnons. Certaines personnes disent qu'elles ne voulaient adopter que des chiens jusqu'à ce qu'un chat ronronnant sur leurs genoux les ait totalement captivées.

L'énergie féline est puissante et guérisseuse. Elle est douce et rassurante, mais également dure et impitoyable si nécessaire. C'est l'indépendance. C'est la curiosité et le goût de l'aventure. C'est le courage et la volonté de se battre pour ce qui vous appartient de droit. C'est la confiance en soi et le commandement. C'est se mettre totalement en avant sans s'excuser. C'est l'ombre et la lumière. C'est la magie et le mystère.

La simple essence de l'énergie d'un chat serait suffisante pour qu'il soit vénéré dans le monde entier. De nombreuses civilisations et cultures l'ont vu et ressenti, reconnaissant aussi la magie qui se tient dans chaque félin. Quand les chats choisissaient de travailler avec les humains, les anciens comprenaient que ces petites créatures en connaissaient plus qu'eux au niveau spirituel, énergétique et magique. Ils faisaient des chats leurs alliés pour leurs travaux et pour la médecine qu'ils pouvaient offrir, créant ainsi une relation mutuellement bénéfique.

Les histoires de magie féline se sont transmises au fil des siècles, entraînant avec elles les sorcières, les chamans et les guérisseurs. Les magiciens ont continué à travailler avec les félins, provoquant souvent leur propre disparition, particulièrement à la période médiévale où les femmes et les sorcières étaient persécutées par l'Église. Alors que celle-ci craignait les chats pour leur magie et les persécutait avec les sorcières qu'ils accompagnaient, l'esprit résilient du chat refusait de se rendre et de nous abandonner. Cela montre leur sens inné de la loyauté.

La connexion du chat au monde de l'esprit est virtuellement inégalée, car il agit comme messager et guide pour ses humains. Le champ aurique et la fréquence vibratoire du chat nous aident à nous connecter plus profondément au plan de l'Esprit. Les chats nous enseignent la vie, nous prêtent leur pouvoir et leur magie, délivrent des messages, servent de gardiens et de protecteurs et nous assistent pour notre croissance spirituelle et notre guérison.

Travailler avec l'énergie et la magie d'un félin nous est d'un grand bénéfice. Cela ouvre des portes et nous montre des choses que nous n'aurions peut-être jamais pensé à questionner. Même si vous n'avez pas ou ne pouvez pas avoir de chat, vous pouvez travailler avec ces énergies en utilisant les techniques et les sortilèges de ce livre. J'ai appris qu'en tant qu'être magique, notre contrat avec l'Esprit stipule que lorsque nous appelons, ils se montrent et lorsqu'ils appellent, nous nous sentons également obligés de nous montrer et d'écouter ce qui doit être entendu.

Ces petites créatures magiques ont frayé leur chemin dans nos vies voici des millénaires. Il s'est dit qu'elles nous avaient ensorcelés. Peut-être y a-t-il une part de vérité. Si c'est le cas, nous sommes les heureux bénéficiaires de la magie du chat.

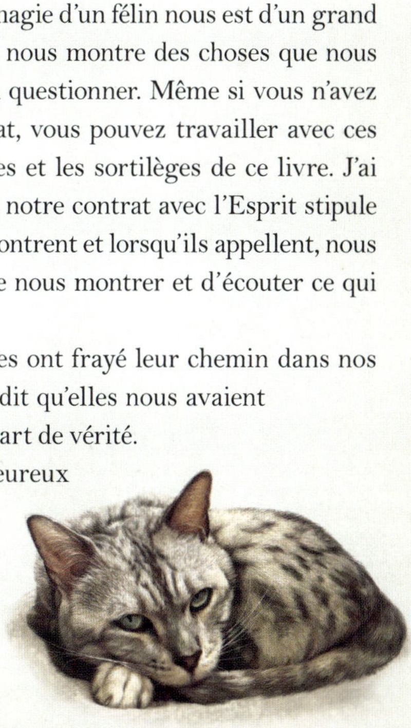

Remerciements

J'aimerais remercier ma meilleure amie, ma flamme jumelle et ma sœur d'âme, Coley. Merci de m'avoir donné le courage de vivre ma vie authentique et de découvrir qui j'étais vraiment. Merci pour ton amour, ton soutien et ta présence à mes côtés. Merci de partager mes rires, mes larmes et mes aventures sur le chemin et au-dehors.

Un immense merci à mon clan et à mes sœurs sorcières. Lady Lumosulo et Lady Eala, vous m'avez accompagnée dans ce voyage et m'avez aidée à croire en moi afin que je puisse matérialiser ce magnifique projet. Merci pour votre amour et votre soutien.

À propos de l'auteure

RIEKA MOONSONG est une grande prêtresse wiccane qui étudie en ce moment la théologie. Elle est aussi une chamane de tradition andine. C'est son parcours de vie, le chemin de son âme et le don d'une déesse de partager la sagesse et le savoir avec d'autres, afin de faciliter la guérison et la croissance de ceux qui suivent leur propre chemin. Elle habite dans le Colorado avec son familier félin, Artémis.

Rieka a toujours senti l'appel d'un travail avec les animaux et leurs énergies, même enfant. Elle a maintenant vingt et un guides animaux et elle utilise ses capacités naturelles pour se connecter à eux pour leur sagesse et leur guidance. Elle rêve d'aider les autres à forger des liens solides avec leurs familiers ainsi qu'avec d'autres animaux, et de leur apprendre à invoquer ces énergies lorsque c'est nécessaire.

Notes (en anglais)

1. Wikipedia, « Chat dans l'Égypte antique. » https://wikipedia.org/wiki/Chat_dans_l'Égypte_antique.

2. Worldbook.com, "Mythic Monday: The Riddle of the Sphinx." https://www.worldbook.com/behind-the-headlines/Mythic-Monday-The-Riddle-of-the-Sphinx.

3. Rucha Vijay Bodas, « Cats in Chinese Art », DailyArtMagazine.com, 27 novembre 2022. https://www.dailyartmagazine.com/cats-in-chinese-art.

4. Marie Kitsunebi, « Cat Yokai ! All 5 Kinds of Supernatural Cats from Japanese Folklore », Yokai Street, 21 septembre 2020. https://www.yokaistreet.com/cat-yokai-all-5-kinds-of-supernatural-cats-from-japanese-folklore.

5. La Vocelle, « History of the Cat in the Dark Ages (Première partie) », TheGreatCat.org, 23 novembre 2012. https://thegreatcat.org/history-of-the-cat-in-the-dark-ages-part-1.

6. Frances Simpson, *The Book of the Cat* (Whitefish, MT: 59937, Kessinger Publishing, 1903, 2010).

7. Irina Metzler, « Heretical Cats: Animal Symbolism in Religious Discourse », *Medium Aevum Quotidianum* 59 (2009) : 16–33.

8. Wikipedia, « Femme à chats ». https://wikipedia.org/wiki/Femme_à_chats.

9. Elena Harris, « Cat Spirit Animal », SpiritAnimalInfo.com. https://www.spiritanimal.info/cat-spirit-animal.

10. « The Energetic Power of Cats and Their Spiritual Meaning », LittleMissCat.com. https://littlemisscat.com/the-energetic-power-of-cats-and-their-spiritual-meaning.

11. Cherokee Billie, « Cats Superpowers Protect You from Negative Forces », CherokeeBillieSpiritualAdvisor.com, 8 juillet 2018. https://cherokeebilliespiritualadvisor.com/ blogs/all/cats-superpowers-protect-you-from-negative-forces.

12. R. Kayne, « What is Native American Animal Medicine ? » LanguageHumanities.org, 28 septembre 2022. https://languagehumanities.org/ what-is-native-american-animal-medicine.htm.

13. « Shamanic Medicine », Cat-Faith.com. https://www.cat-faith.com/isdoing/shamanichealing.

14. Yoskhaz, « The Medicine of the Cat », Institutyoskhaz.com, 21 mars 2022. Institutyoskhaz.com/uncategorized-en/the-medicine-of-the-cat.

15. Rose De Dan, « Shaman : Feline Healer and Teacher », ReikiShamanic.com, 22 novembre 2012. https://reikishamanic.com/2012/11/22/shaman-feline-healer-and-teacher.

16. Leslie A. Lyons, « Why Do Cats Purr ? » Scientific American, 3 avril 2006. https://www.scientificamerican.com/article/why-do-cats-purr-?gc1id=CjoKCQiA7bucBhCeARIsAIOwr-9LLCw8_cU2AuvEofjLMvx_vo6LyYPBJ5mY9UKppoNJTf2BPoTxhl0aAtPqEALw_wcB.

17. Michael Broad, « Does the Cat's Purr Help Alleviate Symptoms of Dispnoea in Humans ? » PoC, PoC, 27 février 2022. https://pictures-of-cats.org/does-the-cats-purr-help-alleviate-symptoms-of-dyspnoea-in-humans.html.

18. Laura Cerrano, « What Is Geopathic Stress ? » LinkedIn, 23 avril 2021. https://www.linkedin.com/pulse/what-geopathic-stress-laura-cerrano-/.

Index